Palavras de vida eterna

10 sermões no Evangelho de João

A.W. TOZER

hagnos

Título original: *Ten Messages on the Gospel of John* (extraído da obra *Tozer Speaks, Volume One*).

1ª edição: fevereiro de 2025

Tradução: Ruben Dargã Holdorf
Revisão: Elizeu Lira e Francine Torres
Diagramação: Letras Reformadas
Capa: Douglas Lucas
Editor: Aldo Menezes
Coordenador de produção: Mauro Terrengui
Impressão e acabamento: Imprensa da Fé

Editora Hagnos Ltda.
Rua Geraldo Flausino Gomes, 42, conj. 41
CEP 04575-060 — São Paulo, SP
Tel.: (11) 5990-3308

E-mail: editorial@hagnos.com.br | Home page: www.hagnos.com.br
Editora associada à Associação Brasileira de Direitos Reprográficos (ABDR)

Dados Internacionais de Catalogação na Publicação (CIP)

Tozer, A. W. (Aiden Wilson), 1897-1963
Palavras de vida eterna: 10 sermões no Evangelho de João / A. W. Tozer; tradução de Ruben Dargã Holdorf. — São Paulo: Hagnos, 2025.

ISBN 978-85-7742-598-3

Título original: Ten Messages on the Gospel of John (extraído da obra Tozer Speaks, Volume One).

1. Bíblia. N.T. Evangelhos – Sermões 2. Bíblia. N.T. João – Sermões I. Título II. Holdorf, Ruben Dargã

25-0223 CDD 227.9406

Índices para catálogo sistemático:
1. Bíblia. N.T. Evangelhos – Sermões

Angélica Ilacqua CRB-8/7057

Sumário

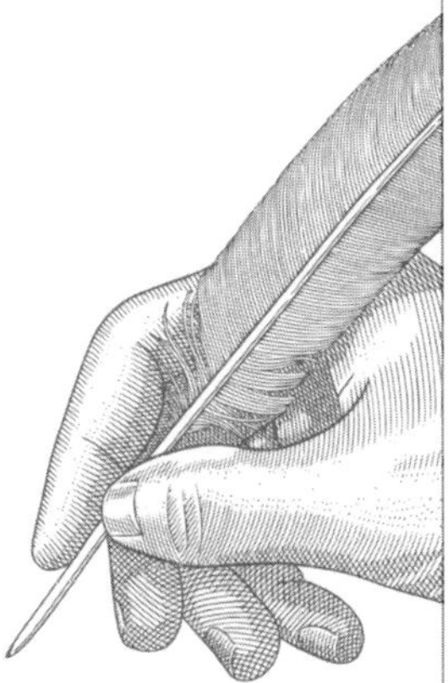

Prefácio

Homens e mulheres cristãos que tiveram o privilégio de escutar o Dr. A. W. Tozer pregar em seu próprio púlpito, domingo após domingo, no auge de seu ministério, podem falar pessoalmente sobre o entusiasmo dele pelas verdades do Evangelho de João.

Por meio do Espírito de Deus, o Dr. Tozer pregava de forma radiante e revigorante sobre um único capítulo do Evangelho de João, todos os domingos, por muitas semanas consecutivas. Cada versículo e cada texto floresciam com temas significativos para sermões e tópicos teológicos enriquecedores. Sua vasta compreensão dos amplos ensinamentos da Bíblia como um todo e dos escritos devocionais dos santos cristãos que viveram há muito tempo fazia com que os frequentes sermões sobre o Evangelho de João nunca parecessem limitados a um único livro da Bíblia.

A seleção desses dez sermões baseados no Evangelho de João mostrará esse dom do Dr. Tozer — a habilidade concedida por Deus de falar com autoridade, com significado, com preocupação e com um ponto de vista convincente sobre a verdade que está em Jesus Cristo, em apoio a uma breve passagem do Evangelho.

Talvez o leitor não concorde com cada parágrafo de todo sermão. Apenas se lembre de que o Dr. Tozer tinha um espírito completamente livre — e certamente teria ficado desapontado se todos concordassem totalmente com ele em todos os pontos.

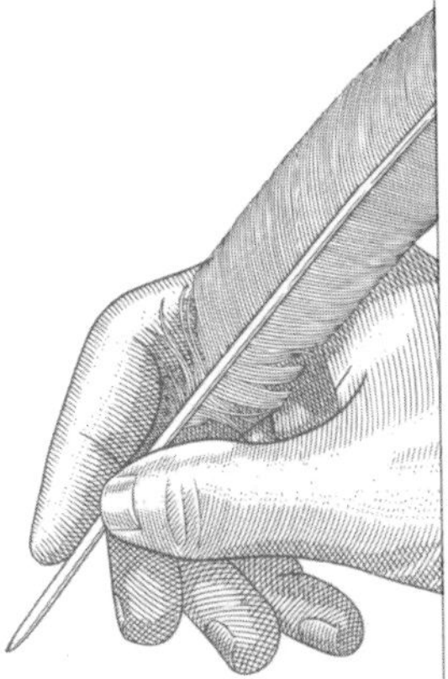

1

A revelação não é suficiente: *Os perigos do racionalismo evangélico de hoje*

Corria já em meio a festa, e Jesus subiu ao templo e ensinava. Então, os judeus se maravilhavam e diziam: Como sabe este letras, sem ter estudado? Respondeu-lhes Jesus: O meu ensino não é meu, e sim daquele que me enviou. Se alguém quiser fazer a vontade dele, conhecerá a respeito da doutrina, se ela é de Deus ou se eu falo por mim mesmo.

João 7:14-17

Esboço

Introdução

Nos dias de Jesus, nosso Senhor foi questionado sobre seu conhecimento e autoridade. Alguns disseram: "Ele não pode ter a verdade. Ele não estudou nas escolas dos rabinos". Os críticos de Jesus eram racionalistas teológicos, pois sustentavam que a verdade era meramente intelectual, portanto, podia ser reduzida a um código. "Aprenda o código e você terá a verdade", eles ensinavam.

I. *Jesus considerou essa visão da verdade inadequada.*
   1. Ele a comparou com a qualidade celestial de sua mensagem.
   2. Ele revelou a natureza de seu próprio relacionamento com o Pai.
   3. Ele disse: "O que o Pai fala, eu falo".

II. *O racionalismo evangélico de hoje também tem um ponto de vista inadequado.*
   1. É o seguinte: "Se você aprender o texto, você terá a verdade".
   2. Para o racionalista evangélico, a verdade é "o texto, o código e o credo".
   3. Não é a revelação que salva.

III. *A verdade tem uma alma tanto quanto um corpo?*
   1. Acreditamos que a Bíblia é revelação.
   2. Você pode sabê-la de cor — esse é o corpo da verdade.
   3. Uma iluminação divina e interior da verdade é necessária para o novo nascimento.

IV. *Onde está a sua fé?*
   1. Paulo diz: "No poder de Deus" (1Coríntios 2:4, 5).
   2. O racionalista evangélico diz: "Na Palavra de Deus".
   3. Uma advertência: Sua fé pode estar no texto, mas, ainda assim, você pode estar sem Cristo.
   4. A verdade pode ser compreendida — o que faz a diferença é a iluminação.

V. *O que é o cristianismo bíblico normal?*
   1. Cristo é o Senhor. Ele deve ser obedecido.
   2. A iluminação divina ocorrerá.
   3. O arrependimento se seguirá.
   4. O verdadeiro discipulado se desenvolverá.

ACHO QUE JESUS NOS MOTIVOU, nesta passagem, a darmos uma olhada naquelas pessoas de sua época que consideravam a verdade como algo meramente intelectual, capaz de ser reduzido a um código. Elas acreditavam que a verdade era exclusivamente racional — assim como sabemos e aceitamos que duas vezes dois são quatro.

Essa filosofia da verdade, defendida nos dias de Jesus, nos leva, necessariamente, a refletirmos sobre aqueles que, em nossa época, também se apegam a um conceito puramente intelectual da verdade de Deus. Não me refiro aos liberais teológicos, que negam a pessoa e a posição de Jesus Cristo como o Filho de Deus, mas, antes, àqueles a quem devo chamar de racionalistas evangélicos dos nossos dias. Minha preocupação em trazer esta mensagem direta decorre da minha conclusão de que o racionalismo evangélico pode destruir a verdade tão rapidamente quanto o liberalismo.

Primeiro, vamos dar uma olhada nos líderes judeus dos dias de Jesus. Eles se maravilharam com Ele, dizendo uns aos outros: "Como sabe este letras, sem ter estudado?".

Era o pensamento deles que Jesus nunca havia estudado nas tradicionais escolas de ensino superior. Acho que a maioria das escolas naquela época consistia de um rabino que vinha e ensinava pequenos grupos, em vez de ter seminários e escolas como os conhecemos agora.

Nosso Senhor, evidentemente, nunca frequentou esse tipo de escola rabínica. Diante disso, questionaram:

"Como Ele consegue ensinar sua maravilhosa doutrina, visto que nunca esteve nas escolas dos rabinos?".

Essa pergunta, por si só, diz muito sobre esses líderes.

Ela revela que eles consideravam a verdade — e você pode escrevê-la com letras maiúsculas, se quiser — como algo meramente intelectual, passível de ser reduzido a um código.

Então, para conhecer a verdade, bastava aprender e decorar o código. A maioria deles não tinha livros próprios, apenas decorava o código na escola e, assim, o guardava na memória —, e esse era seu conceito de verdade. Concluímos isso não apenas pelo versículo 17, mas tendo em vista todo o Evangelho de João.

A ideia deles sobre a verdade era de que ela se reduzia a algo intelectual. Para nós, o fato de que duas vezes dois são quatro é verdade, mas é uma verdade intelectual — algo provado para a mente. Tudo o que você precisa fazer é aprender a tabuada até chegar a duas vezes dois e terá esse resultado.

Eles reduziram a verdade divina a essa condição.

Para eles, não havia uma profundidade misteriosa na verdade, não havia nada abaixo e nada além — duas vezes dois eram quatro. Foi exatamente nesse ponto que eles divergiam de nosso Salvador, pois o Senhor Jesus constantemente ensinava o que estava "além" e "abaixo". No entanto, eles nunca conseguiam perceber a profundidade dos ensinamentos de Jesus — só viam que duas vezes dois eram quatro.

É disso que devemos nos lembrar. Aqueles líderes religiosos evidentemente acreditavam que as palavras da verdade são a verdade, e isso ainda é um mal-entendido básico da teologia cristã.

Fazer essa análise em nossos dias não é apenas uma questão de minúcias. Oh, não! Se fosse apenas para discutir aspectos sem importância, eu não me incomodaria, mas esse assunto tem consequências morais e espirituais.

Eles acreditavam que a palavra da verdade era a verdade — que se você tivesse as palavras, teria a verdade. Se você pudesse repetir o código da verdade, tinha a verdade. Se você estivesse vivendo de acordo com a palavra da verdade, estava vivendo na verdade.

Repito que era exatamente nesse ponto que eles divergiam do Senhor Jesus Cristo.

O Salvador tentou corrigir essa visão inadequada. Ele revelou a qualidade celestial de sua mensagem, mostrando que era simplesmente um intermediário transparente por meio do qual Deus falava. Ele declarou: "Minha doutrina não é minha — não sou um rabino que está apenas ensinando uma doutrina que vocês possam memorizar e repetir. O que estou dando a vocês não é esse tipo de doutrina, de forma alguma".

Anteriormente, Ele havia dito: "Não digo nada de mim mesmo — o que vejo o Pai fazer, isso faço, e o que o Pai fala, isso falo. O que vi lá no alto conto a vocês. Sou um intermediário transparente através do qual a verdade está sendo dita. Vocês acreditam que o caminho para a verdade é ir a um rabino e aprendê-la, mas isso não é a verdade — essa abordagem da verdade é inadequada".

Aqui, ao que me parece, está a fraqueza do cristianismo moderno, e me pergunto por que há tanto silêncio sobre isso. A linha de batalha, a guerra atual, não é necessariamente entre os fundamentalistas e os liberais. Há uma diferença entre eles, é claro! O fundamentalista diz: "Deus fez o céu e a Terra". O liberal diz: "Bem, essa é uma maneira poética de dizer isso — mas, na verdade, tudo surgiu pela evolução".

O fundamentalista diz: "Jesus Cristo é o próprio Filho de Deus". O liberal responde: "Bem, Ele certamente foi um homem maravilhoso e Ele é o Mestre, mas não estou certo a respeito de sua divindade". Então, há uma divisão, mas não acho que o conflito ainda seja sobre esses assuntos.

Alguns anos atrás fui a Gettysburg com amigos e lutamos novamente, em retrospectiva, a famosa batalha da guerra civil. Lemos as placas e os memoriais, mas não há combates ali — não ouvi nenhum estrondo de canhões, não vi nenhum soldado morto, não ouvi nenhum choque de espadas — só vi o local onde a batalha ocorreu.

Hoje, em nossos dias, ainda há alguns ministros agitando no ar suas espadas ensanguentadas, mas o sangue está seco — pois, na verdade, não há sangue fresco entre o liberalismo e o fundamentalismo. As coisas já se resolveram — quem é liberal é liberal, e quem é fundamentalista sabe no que acredita e onde está —, mas a luta não está aí.

A batalha mudou para outro campo mais importante.

A guerra, a linha divisória hoje, é entre evangélicos racionalistas e evangélicos místicos. Vou explicar o que quero dizer.

Existe hoje um racionalismo evangélico que é o mesmo que esses judeus tinham. Eles diziam que a verdade está na palavra e que, se você quisesse saber a verdade, deveria ir ao rabino e aprender a palavra; se você obtiver a palavra, obtém a verdade. Isso é racionalismo evangélico, e temos isso nos círculos fundamentalistas, em grande proporção.

Bem, nós temos isso entre nós. Segundo essa doutrina, "se você aprender o texto, terá a verdade".

Esse racionalismo evangélico matará a verdade tão rapidamente quanto o liberalismo, embora de maneira mais sutil. O liberal fica ali e diz com franqueza: "Não acredito na sua Bíblia inspirada; não acredito em seu Cristo deificado. Acredito na Bíblia de certa forma; ela é o registro dos pontos altos de grandes homens; e acredito em uma certa comunhão mística com o universo; e é tudo muito maravilhoso, mas não acredito da mesma forma que você".

Você pode facilmente identificar esse homem — ajuste seus óculos para focá-lo, e lá está ele. Você é capaz de dizer a qual grupo ele pertence, pois o homem veste o uniforme do outro lado.

No entanto, o racionalista evangélico ainda veste nosso uniforme. Ele se apresenta como um dos nossos, mas repete o que os fariseus diziam enquanto Jesus estava na Terra — sendo eles os seus maiores inimigos: "Bem, a verdade é a verdade. E, se você acredita na verdade, você a tem!".

Seja nos dias de Cristo ou em nossos dias, essas pessoas não enxergam nada além — nenhuma profundidade mística, nenhuma altura misteriosa, nada de sobrenatural ou divino. Contam apenas com o "Creio em Deus Pai todo-poderoso, Criador do céu e da Terra, e em Jesus Cristo, seu único Filho, nosso Senhor". Elas possuem o texto, o código e o credo, e, para elas, isso é a verdade. Assim, transmitem essas coisas a outros. O resultado é que estamos morrendo espiritualmente.

E quanto ao evangélico místico? Confesso que não gosto muito da palavra "místico", porque ela evoca a imagem de um sujeito com cabelos longos, cavanhaque e um jeito sonhador e estranho. Talvez essa não seja uma boa palavra, mas estou tentando exprimir, com ela, o lado espiritual das coisas — que a verdade é mais do que o texto. Há algo que você precisa alcançar. A verdade é mais do que o código. Há um coração batendo no meio do código, e você tem de chegar lá. A questão importante é simplesmente esta: o corpo da verdade cristã é suficiente? Ou a verdade tem não só um corpo, mas também uma alma?

O evangélico racionalista diz que toda essa conversa sobre a alma da verdade é um absurdo poético. O corpo da verdade é tudo o que é preciso; se você acredita no corpo da verdade, está a caminho do céu e não pode retroceder; tudo ficará bem, e você receberá uma coroa no último dia.

De outra forma, pergunto: a revelação é suficiente ou deve haver iluminação? A Bíblia é um livro inspirado? É um livro revelado? É claro que acreditamos ser uma revelação, que Deus falou todas essas palavras e que homens santos as escreveram movidos pelo Espírito Santo.

Acredito que a Bíblia é um livro vivo dado por Deus, e por isso não ousamos acrescentar nada a ela ou tirar dela. Ela é a revelação.

A revelação, porém, não é suficiente. Deve haver iluminação antes que a revelação alcance a alma. Não basta ter nas mãos um livro inspirado. Devo ter também um coração inspirado. Aí está a diferença, apesar de o racionalista evangélico insistir na suficiência da revelação.

Essas coisas acontecem na América do Norte. Um ministro veio me ver recentemente e relatou suas experiências com um grupo religioso no Sul. Eles acreditam que a verdade é suficiente, o código é suficiente. Aqueles que vêm e dizem "Eu creio em Cristo" são introduzidos na igreja sem mais perguntas. Eles estão dentro.

Esse irmão teve uma experiência espiritual comovente em sua própria vida, com inundações de glória descendo sobre ele e as asas do amor batendo sobre sua alma como faziam com os cristãos nos dias do evangelista Finney.

Ele me diz que foi convidado a "sair" de sua denominação, que foi atacado por homens cuja única acusação contra ele é sua crença no milagroso e divino elemento da graça. Ele acredita não apenas na revelação da graça de Deus no Livro — ele acredita que o novo nascimento é um ato milagroso de Deus dentro da alma.

Quem o atacou e o acusou de heresia? Foram os fundamentalistas, meu irmão. Foram os evangélicos, os racionalistas evangélicos que dizem: "Se você apenas crer, está tudo bem". E eles fizeram isso também nos dias de Jesus quando disseram: "E este homem? Ele nunca se sentou aos pés do rabino e memorizou o texto. Ele não tem a verdade!". Você pode memorizar todos os textos da Bíblia — e eu acredito no valor da memorização — mas, quando terminar, você não terá nada além do corpo. Existe a alma da verdade, além do corpo. Há uma iluminação interior divina que o Espírito Santo deve nos conceder, ou não saberemos o real significado da verdade.

Aí está a diferença. Devemos insistir que a conversão é um ato miraculoso de Deus pelo Espírito Santo; ela deve ser forjada no espírito. O corpo da verdade, o texto inspirado, não é suficiente — é imprescindível uma iluminação interior.

Em seus dias, o conflito de Cristo era com o racionalista teológico. Esse conflito se revelou no Sermão da Montanha e em todo o livro de João. Assim como Colossenses argumenta contra o maniqueísmo e Gálatas argumenta contra o legalismo judaico, o livro de João é um relato longo, inspirado e derramado com paixão na tentativa de nos salvar do racionalismo evangélico, da doutrina que aponta para a suficiência do texto. O textualismo é tão mortal quanto o liberalismo.

Ora, a revelação, repito, não pode salvar. A revelação é a base sobre a qual nos firmamos.

É ela que nos diz no que acreditar. A revelação é o Livro de Deus, e eu a defendo de todo o coração; mas deve haver, antes que eu possa ser salvo, iluminação, arrependimento, renovação, libertação interior.

Não tenho dúvidas de que, em muitos casos, tentamos facilitar a entrada de muitas pessoas no reino, mas elas nunca entram de fato. Elas são levadas a acreditar no texto, e acreditam nele, mas nunca o Espírito Santo as iluminou. Elas nunca foram renovadas em seu ser e, por isso, nunca entram no reino.

Ora, há um segredo na verdade divina totalmente oculto às almas despreparadas. É nesse ponto que nos encontramos nos dias terríveis em que vivemos. O cristianismo não é algo que você apenas estende a mão e pega, como alguns são ensinados. Deve haver uma preparação da mente, da vida e do homem interior antes que possamos crer salvadoramente em Jesus Cristo.

Alguém pergunta: é possível escutar a verdade e não a entender? Leia Isaías: "Ouvi, ouvi e não entendais; vede, vede, mas não percebais" (Isaías 6:9). É possível ver, mas não perceber.

Paulo diz: "A minha palavra e a minha pregação não consistiram em linguagem persuasiva de sabedoria, mas em demonstração do Espírito e de poder, para que a vossa fé não se apoiasse em sabedoria humana, e sim no poder de Deus" (1Coríntios 2:4-5).

Agora, o racionalista teológico entende isso da seguinte forma: ele diz que sua fé não deve estar na sabedoria do homem, mas na Palavra de Deus. No entanto, não foi isso que Paulo disse.

Paulo disse que sua fé deve permanecer no poder de Deus. Isso é uma coisa bem diferente.

Os versículos 9 a 14 do segundo capítulo da primeira carta aos Coríntios dizem:

> Mas, como está escrito: Nem olhos viram, nem ouvidos ouviram, nem jamais penetrou em coração humano o que Deus tem preparado para aqueles que o amam. Mas Deus no-lo revelou pelo Espírito; porque o Espírito a todas as coisas perscruta, até mesmo as profundezas de Deus. Porque qual dos homens sabe as coisas do homem, senão o seu próprio espírito, que nele está? Assim, também as coisas de Deus, ninguém as conhece, senão o Espírito de Deus. Ora, nós não temos recebido o espírito do mundo, e sim o Espírito que vem de Deus, para que conheçamos o que por Deus nos foi dado gratuitamente. Disto também falamos, não em palavras ensinadas pela sabedoria humana, mas ensinadas pelo Espírito, conferindo coisas espirituais com espirituais. Ora, o homem natural não aceita as coisas do Espírito de Deus, porque lhe são loucura; e não pode entendê-las, porque elas se discernem espiritualmente.

O que Paulo, homem de Deus, está dizendo é: eu vim pregar, e preguei com poder — um poder capaz de iluminar, e alcançar a consciência e o espírito e transformar o homem interior, para que a fé de vocês fosse firmada no poder de Deus.

Meus irmãos, a fé de vocês pode permanecer no texto, mas ainda assim vocês podem estar tão mortos quanto o proverbial prego da porta. Quando, porém, o poder de Deus se move sobre o texto e incendeia o sacrifício, então temos o cristianismo. Tentamos chamar isso de reavivamento, mas não é, de forma alguma. É simplesmente o cristianismo do Novo Testamento. É o que deveria ter sido em primeiro lugar, mas não foi.

Agora, olhem para Mateus 11:26,27: "Por aquele tempo, exclamou Jesus: Graças te dou, ó Pai, Senhor do céu e da terra, porque ocultaste estas coisas aos sábios e instruídos e as revelaste aos pequeninos. Sim, ó Pai, porque assim foi do teu agrado. Tudo me foi entregue por meu Pai. Ninguém conhece o Filho, senão o Pai; e ninguém conhece o Pai, senão o Filho e aquele a quem o Filho o quiser revelar".

Portanto, temos a doutrina ensinada claramente de que não há apenas um corpo de verdade que devemos manter por nossa conta e risco — há também uma alma nesse corpo que devemos alcançar, e se não chegarmos à alma da verdade, temos apenas um corpo morto em nossas mãos.

Uma igreja pode continuar mantendo o credo e a verdade por anos e gerações, envelhecer e morrer.

Novas pessoas podem surgir, receber o mesmo código, envelhecer e morrer também.

Então, algum pastor que prega o reavivamento entra e dispara suas armas, deixando todo mundo agitado. Então a oração move Deus para a cena, e o avivamento chega àquela igreja. As pessoas que pensavam estar salvas são salvas. As pessoas que só acreditavam em um código agora acreditam em Cristo. E o que realmente aconteceu? É simplesmente o cristianismo do Novo Testamento tendo seu lugar. Não é uma edição de luxo do cristianismo — é o que deveria ter sido desde o início.

Um homem pode passar anos em uma igreja, acreditar nos textos, citá-los, memorizá-los e ensiná-los. Talvez se torne diácono, seja eleito para o conselho da igreja e assim por diante. Então, um dia, sob a pregação fervorosa de algum visitante ou talvez do próprio pastor, ele de repente se sente terrivelmente necessitado de Deus. Ele esquece toda a sua trajetória passada, cai de joelhos e, como Davi, derrama sua alma em confissão. Então, ele se levanta e testifica: "Sou diácono nesta igreja há 26 anos, mas foi apenas nesta noite que nasci de novo".

O que aconteceu? Aquele homem confiava no corpo morto da verdade até que algum pregador inspirado o deixou saber que a verdade tem uma alma.

Ou, talvez, Deus tenha ensinado a ele, em segredo, que a verdade tem uma alma, assim como um corpo, e ele ousou seguir em frente por meio de arrependimento e obediência, até que Deus honrou sua fé e acendeu a luz. Então, como um raio do céu, essa luz tocou seu espírito, e todos os textos que ele havia memorizado tornaram-se vivos.

Graças a Deus, ele memorizou os textos, e toda a verdade que conhecia floresceu, de repente, sob a luz. É por isso que acredito na importância da memorização. É por isso que devemos conhecer a Palavra, encher nossa mente com as canções e os grandes hinos da igreja. Eles não significarão nada para nós até que o Espírito Santo venha. Contudo, quando Ele vier, terão o combustível necessário para serem usados. Fogo sem combustível não queima, mas combustível sem fogo é morto. O Espírito Santo não se manifestará sobre uma igreja onde não há combustível bíblico. É necessário haver ensino bíblico. Devemos ter o corpo da verdade. O Espírito Santo nunca vem para o vácuo, mas onde está a Palavra de Deus há combustível — e então o fogo cai e queima o sacrifício.

Jesus disse que, se alguém estiver disposto a fazer a vontade de Deus, conhecerá — ele conhecerá a doutrina. Agora, o corpo de verdade pode ser compreendido pelo intelecto médio e normal. Você pode compreender a verdade, mas somente a alma iluminada conhecerá a verdade, e somente o coração preparado poderá ser iluminado.

E qual é a preparação necessária? Jesus disse: "Se alguém quiser fazer a minha vontade, a luz brilhará sobre ele. Se alguém me obedecer, Deus iluminará sua alma imediatamente".

Fazemos de Jesus Cristo uma conveniência. Fazemos dele um bote salva-vidas para nos levar à praia, um guia para nos encontrar quando estivermos perdidos. Nós o reduzimos simplesmente a um grande amigo para nos ajudar quando estamos com problemas.

Isso não é cristianismo bíblico. Jesus Cristo é o Senhor, e quando um homem se dispõe a fazer sua vontade, ele se arrepende e a verdade resplandece. Pela primeira vez em sua vida, ele está disposto a dizer: "Farei a vontade do Senhor, mesmo que eu morra por isso". A iluminação começará em seu coração. Isso é arrependimento, meus irmãos — ele tem seguido sua própria vontade, mas agora decide fazer a vontade de Deus.

Ninguém pode conhecer o Filho a menos que o Pai lhe diga. Nenhum homem pode conhecer o Pai a menos que o Filho o revele. Posso saber sobre Deus; esse é o corpo da verdade. No entanto, não posso conhecer Deus, a alma da verdade, a menos que eu esteja pronto para obedecer. O verdadeiro discipulado é obedecer a Jesus Cristo, aprender sobre Ele, segui-lo e fazer o que Ele nos diz para fazer, guardar os mandamentos e cumprir sua vontade. Esse tipo de pessoa é um cristão — e nenhum outro tipo o é.

Ao avaliar a condição de uma igreja, não se limite a verificar se ela é "fundamentalista". Descubra também se é uma igreja evangélica racionalista, que diz: "O texto é suficiente", ou se é uma igreja que acredita que o texto, juntamente com o Espírito Santo, é suficiente.

Antes que a Palavra de Deus possa significar qualquer coisa dentro de mim, deve haver obediência à Palavra. A verdade não se entregará a um rebelde. A verdade não dará vida a um homem que não obedecerá à luz. "Se, porém, andarmos na luz, como ele está na luz, mantemos comunhão uns com os outros, e o sangue de Jesus, seu Filho, nos purifica de todo pecado" (1João 1:7). Se você desobedece a Jesus Cristo, não pode esperar iluminação.

Contudo, há iluminação. Eu sei o que Charles Wesley quis dizer quando escreveu: "Seu Espírito responde ao sangue e me diz que nasci de Deus". Ninguém teve que vir e me dizer o que ele quis dizer. "Aquele que estiver disposto a fazer a minha vontade", disse Jesus, "terá uma revelação em seu coração. Ele terá uma iluminação interior que lhe diz que ele é um filho de Deus".

Se um pecador for ao altar e um obreiro, com um Novo Testamento marcado, o convence a entrar no reino por meio de seus argumentos, o diabo o encontrará dois quarteirões adiante e o convencerá a sair novamente. Se ele, porém, recebe uma iluminação interior e tem dentro de si o testemunho pelo qual o Espírito responde ao sangue, ninguém mais pode convencer esse homem. Ele será apenas teimoso, independentemente dos argumentos que você tentar apresentar. Ele dirá: "Mas eu sei!". Um homem assim não é fanático ou arrogante; ele só tem certeza.

Ele é como o feliz irmão cristão que trabalhava em uma fábrica e foi convidado para participar de uma reunião na qual um homem anunciou que argumentaria contra a fé cristã e provaria, em sua palestra, que os cristãos estavam errados.

Então ele foi à palestra, que era poderosa e sustentada por todo tipo de argumento.

Na saída, o homem que o havia convidado disse ao irmão cristão: "E agora, o que você acha?".

"Oh, eu escutei esta palestra com um atraso de 25 anos", respondeu o cristão. "Foi há 25 anos que Deus fez por mim o que esse sujeito disse que não pode ser feito." Agora, isso é cristianismo convencional. É assim que devemos ser. "Se alguém quiser fazer a vontade dele, conhecerá."

Alguns de nós continuam se recusando a se entregar a Deus e a seguir Jesus, o tempo todo insistindo em um ponto específico — algo que Ele nos mandou fazer, mas não queremos obedecer.

Então, você decide fazer um curso bíblico. Nele, você pode aprender tudo sobre síntese, análise bíblica e muitas outras coisas. No entanto, se está se escondendo de Deus, isso será o mesmo que ler uma revista em quadrinhos. Nenhum curso do mundo será capaz de iluminar o seu interior. Você pode encher a cabeça de conhecimento, mas no dia em que decidir obedecer a Deus, esse conhecimento entrará em seu coração. Você vai saber. Somente os servos da verdade podem conhecê-la. Apenas aqueles que obedecem podem experimentar a transformação interior.

Você pode ficar do lado de fora, ter todas as informações e saber todas as coisas, mas ainda assim não ser um verdadeiro discípulo que realmente conhece a Cristo. Certa vez, li um livro sobre a vida espiritual interior escrito por um homem que não era cristão. Ele era um intelectual astuto, um inglês perspicaz. Ele ficou do lado de fora e, pelo lado de fora, examinou as pessoas espirituais, mas nada o alcançou. E isso é possível.

Você não pode discutir isso. Você pode ler a Bíblia — qualquer versão que quiser — e, se for honesto, admitirá que é uma questão de obediência ou cegueira interior. Você pode repetir o livro de Romanos palavra por palavra e ainda permanecer cego por dentro. Você pode citar todo o livro dos Salmos e continuar cego interiormente. Você pode conhecer a doutrina da justificação pela fé e tomar posição com Lutero e a Reforma, e ainda estar cego interiormente. Pois não é o corpo da verdade que ilumina; é o Espírito da verdade que traz a luz.

Se você estiver disposto a obedecer ao Senhor Jesus, Ele iluminará seu espírito e o seu interior; e a verdade que você conheceu será agora conhecida espiritualmente, e o poder começará a fluir para cima e para fora, e você se sentirá mudado, maravilhosamente transformado. É gratificante acreditar em um cristianismo que realmente converte homens e mulheres.

Bem, eu preferiria ter um pequeno grupo do lado de dentro do que ter um grande número de pessoas, mas que estejam do lado de fora. Naquele grande dia da vinda de Cristo, tudo o que importa é se o meu interior foi iluminado, regenerado e purificado.

A questão é: será que realmente conhecemos Jesus dessa maneira?

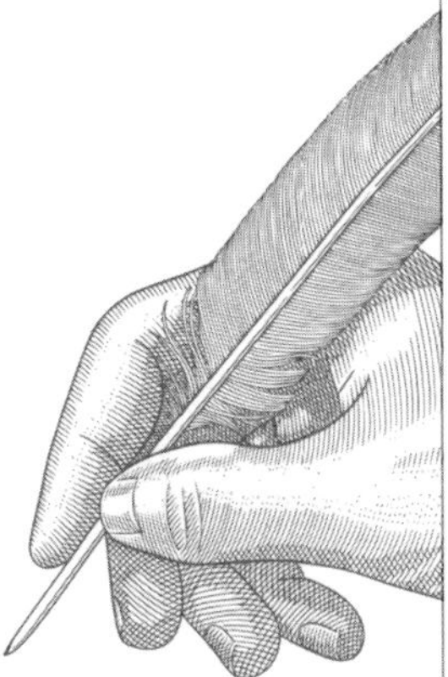

2

Todos quantos o receberam: *Um ato agressivo da personalidade total*

Veio para o que era seu, e os seus não o receberam. Mas, a todos quantos o receberam, deu-lhes o poder de serem feitos filhos de Deus, a saber, aos que creem no seu nome; os quais não nasceram do sangue, nem da vontade da carne, nem da vontade do homem, mas de Deus.

João 1:11-13

Esboço

Introdução

Um texto radical e explosivo, ensinando sobre um nascimento invisível e misterioso do alto, além das implicações de receber Cristo como "um ato agressivo da personalidade total".

I. *Aspectos deste tipo especial de nascimento.*
   1. É um nascimento invisível — não físico.
   2. É um nascimento místico — não é comum.
   3. É por um ato de Deus — não da carne.
   4. É também uma concessão particular de Deus.
   5. Concede um direito incomum — ser filhos de Deus.

II. *A paternidade de Deus, a fraternidade do homem.*
   1. Todos os humanos são criaturas de um Deus soberano.
   2. Deus é o Pai de todos os que creem.
   3. Todos os humanos formam uma fraternidade de homens.

4. Os filhos de Deus, pelo novo nascimento, formam uma irmandade dentro de uma ampla fraternidade.
5. O erro dos liberais — acreditar que todos os homens são salvos.

III. *Como os nascidos de novo tiveram esse privilégio?*

1. Eles acreditaram — e receberam.
2. Receber é mais do que "aceitar".
3. É "tomar, agressivamente".

IV. *O que o Senhor Jesus pede aos que o seguem.*

1. Nosso amor e lealdade.
2. Entregar tudo a Ele, incluindo pais e família.

ESTE É UM TESTO EXPLOSIVO, que ensina sobre um nascimento misterioso e invisível — um nascimento místico. Não podemos examiná-lo adequadamente sem entrarmos em áreas que alguns podem considerar radicais. Não podemos tratar dele sem considerar o fato de que existem muitas pessoas no mundo que são criaturas de Deus, mas não filhos de Deus.

Não é possível falar dele sem admitir que realmente acreditamos na paternidade de Deus e na fraternidade do homem — fique comigo e veja o que a Palavra de Deus diz.

Não se pode tratar disso sem considerar a recusa de muitos cristãos "crentes" em aceitar os termos do verdadeiro discipulado — a disposição de virar as costas para tudo o que é mundano por causa de Jesus.

Não dá para lidar com isso sem discutir o fato de que receber Jesus Cristo como Salvador e Senhor deve ser um ato agressivo da personalidade total — não uma "aceitação" passiva que faz do Salvador um vendedor de porta em porta.

Certamente não se pode tratar desse assunto sem um aviso de que o cristianismo evangélico está em um beco sem saída se continuar a aceitar a atividade religiosa como uma prova legítima de espiritualidade.

Acho significativo nesta passagem que Deus nos informa sobre o nascimento de certas pessoas, e aqui está nossa pista. Deus desviou-se do seu caminho para falar sobre o nascimento de certas pessoas, e sabemos que Ele nunca faz nada que seja meramente rotineiro — tudo o que Ele faz é vivo, significativo e brilhantemente relevante.

Por que deveria o grande Deus todo-poderoso, que circundou a Terra na palma de sua mão, que pôs o Sol brilhando nos céus e lançou as estrelas para o canto mais distante da noite — por que esse Deus deveria tomar linhas importantes do registro da Bíblia para falar sobre o nascimento de pessoas?

Há muito para considerarmos aqui, pois geralmente consideramos o nascimento humano uma coisa muito comum. Há tantos bebês nascendo neste mundo todos os dias que isso tornou-se irrelevante — exceto para os pais. A única maneira de entrar neste mundo é nascer. Não adianta recorrer àquela conversa fiada sobre escorregar em um raio de sol ou ser trazido por uma cegonha que sobrevoa os prados — todos nós nascemos pelo menos uma vez.

Nosso Senhor Jesus Cristo foi um dos professores mais francamente realistas que já existiram, e nesse ponto a Escritura fala sobre os humanos serem "nascidos da vontade da carne" — o impulso biológico que está por trás de todo nascimento; e "a vontade do homem" — o arranjo social pelo qual as pessoas se casam e obtêm aprovação social.

A Palavra se refere também aos nascidos do sangue — nós nascemos do sangue e nosso nascimento tem a ver com sangue, ossos e tudo mais. Esse é o nível de vida em que nascemos.

Certa vez, li um anúncio supostamente engraçado em uma viagem de bonde. Como não tinha balança, uma jovem mãe levou seu bebê ao açougue e disse: "Sr. Schmidt, gostaria que você pesasse o Júnior para mim". Então, ele pesou o Júnior, devolveu-o e disse: "Cinco quilos e oitocentos de carne com osso!". Achei que isso seria engraçado, e por isso o incluí no sermão — mas a ideia é que nascemos, e há ossos, sangue, carne, tecido, cabelo, pele e cartilagem quando nascemos neste mundo.

Portanto, não há nenhuma grande notícia particularmente no nascimento de alguém, mas então Deus inspirou um apóstolo a falar sobre o nascimento, fez com que isso fosse registrado por inspiração divina na Bíblia, que foi preservada com grande custo de sangue, lágrimas, labuta, orações e trabalho árduo por quase 2 mil anos, e cuidou para que esse texto chegasse até nós em nosso idioma. Trata-se de uma mensagem sobre o nascimento de certas pessoas; e a razão pela qual isso é significativo, e não comum, é que essas pessoas passam por um nascimento místico, que não tem nada a ver com o nascimento comum que conhecemos.

O texto diz claramente que é um nascimento em outro nível — não é no nível do sangue. Ele diz que é um parto que não tem nada a ver com sangue, nem ossos, nem tecidos. É um nascimento que não tem por trás de si o impulso da carne. Não é um nascimento motivado pelo arranjo social, pela vontade do homem ou pelo desejo dos pais de terem filhos.

Esse nascimento invisível do qual o profeta fala é um ato de Deus. Ele relata algo além do nascimento físico que conhecemos. Os sentidos podem tocar o nascimento físico. Quando nascemos neste mundo, os sentidos puderam nos perceber. Aqueles que estavam ao nosso redor podiam nos ver, tocar, segurar, pesar, lavar, vestir e alimentar.

No entanto, o nascimento misterioso e invisível do qual o escritor bíblico fala não tem nada a ver com a carne — pois ele é do céu. Esse nascimento é do Espírito — um nascimento de outro tipo, um nascimento místico.

Algumas pessoas ficam muito perturbadas quando um pregador usa a palavra "místico". Elas querem expulsá-lo imediatamente e substituí-lo por um homem que tem tanto medo dessa palavra quanto eles. Não tenho medo dessa palavra — porque toda a Bíblia é um livro místico, de mistério, de maravilhas. Descobri que você não pode ir muito longe na investigação sobre a origem de qualquer fenômeno simples sem encontrar mistério e escuridão, e isso é muito mais verdadeiro no nível espiritual.

As pessoas mencionadas pelo apóstolo emergiram de um nascimento místico, um nascimento do espírito, totalmente contrário a qualquer tipo de nascimento que qualquer homem conhecesse no sentido físico. Se Jesus, nosso Senhor, estivesse falando apenas sobre as pessoas nascerem no mundo, Ele nunca teria recebido atenção e seus ensinamentos não teriam sido impressos nem preservados. Isso é muito comum — todo mundo nasce. Contudo, essas pessoas passaram por um nascimento que não foi do corpo, mas do coração.

Elas nasceram não no tempo, mas na eternidade. Elas nasceram não da Terra, mas do céu. Foi um nascimento interior, um nascimento espiritual, misterioso, místico.

Esse nascimento invisível é também uma concessão particular de Deus.

Agora, sei que há um sentido em que o Deus soberano está acima de tudo. Gosto de pensar que não há uma criança nascida em qualquer lugar do mundo que Deus não possua como sua criatura. Certo filósofo afirmou que não há filhos ilegítimos, apenas pais ilegítimos. Nesse sentido, mesmo aqueles que nascem sem o benefício do clero ou das formalidades do casamento são propriedade do Deus todo-poderoso como suas criaturas. Isso, porém, está abaixo do nível da natureza, e não é disso que nosso Senhor estava falando quando disse: "Vocês precisam nascer de novo". Esse outro nascimento, esse misterioso nascimento espiritual, ocorria por uma concessão particular — totalmente diferente — diferente do primeiro tipo de nascimento e superior a ele. O novo nascimento concede um direito incomum — o direito de nascer na casa do Pai e, assim, tornar-se filho de Deus.

Agora, quando eu digo aqui que acredito na paternidade de Deus e na fraternidade do homem, alguns de vocês vão desmaiar, e os diáconos vão gentilmente estar por perto com uma garrafa de amônia.

Talvez você tenha visto os olhos dos homens soltarem faíscas quando eles falam sobre a paternidade de Deus e a fraternidade do homem, mas acredito em ambos.

Isto é, creio que Deus é o Pai de todos os que creem e, portanto, existe uma paternidade de Deus. Ele é o Pai de quem toda a família no céu e na Terra recebe o nome. No entanto, Ele não é o pai do pecador. Não estendo tolamente essa paternidade para que abranja toda a humanidade, pois Deus não é o pai de assassinos e imorais. Deus é o Pai daqueles que acreditam, e não deixarei que os liberais e os modernistas me persigam e me encurralem em um beco e me coloquem contra a parede, fazendo-me negar a paternidade de Deus.

Além disso, acredito na fraternidade do homem. Deus fez de um só sangue todas as pessoas que habitam sobre a face da Terra, de modo que todos os que nascem no mundo nascem do mesmo sangue. Nossa pele pode ser diferente e nossos olhos se inclinam em direções diferentes. Alguns terão cabelos ruivos e outros pretos, alguns cacheados e outros lisos. Podemos diferir muito uns dos outros na aparência, mas existe uma vasta fraternidade humana — descendemos de Adão, aquele cujo pecado letal trouxe ao mundo a morte e todos os seus frutos.

No entanto, também deve ser dito que há outra irmandade dentro dessa fraternidade — e essa é a irmandade dos santos de Deus, pois o fato de haver uma ampla fraternidade humana não significa que todos os homens sejam salvos. Eles não o são. Até que sejam salvos, nascidos de novo, eles não deixam a antiga irmandade de Adão para entrar na fraternidade dos redimidos.

É nesse ponto que o liberal e o modernista cometem seu erro — insistindo que, porque a humanidade é uma fraternidade, somos todos filhos de um Pai e, portanto, somos todos salvos. Isso é um absurdo — não é bíblico e não é verdade!

Discordo do liberal que quer reduzir todos a um único nível — o cristão e o não cristão, o religioso e o irreligioso, o salvo e o perdido, o crente e o cético. Quando o liberal declara acreditar na paternidade de Deus, ele não acredita no sentido em que a Bíblia usa esse conceito.

Acredito que existe uma fraternidade do homem que vem pelo primeiro nascimento, e outra que vem pelo segundo nascimento. Pela graça de Deus, quero me demorar naquela sagrada e mística fraternidade dos resgatados e redimidos — a comunhão dos santos reunidos em torno do corpo partido e do sangue derramado do Salvador.

Então, trata-se de um nascimento misterioso que nos concede um privilégio particular. "A todos quantos o receberam, deu-lhes o poder de serem feitos filhos de

Deus" (João 1:12). A palavra "poder" nesse versículo não significa "força dinâmica", pois não é necessário nenhum poder dinâmico por parte de um homem para se tornar um filho de Deus. É uma dádiva — Ele nos dá o privilégio, o direito legal, de nos tornarmos filhos de Deus. Isso é o que significa um homem nascer no Reino de Deus.

A Bíblia realmente diz que Deus nos deu o privilégio de nascer, e isso não é apenas poesia. Às vezes usamos uma frase poética e é preciso resumi-la, tirar dela tudo o que é supérfluo e extrair dela a essência da verdade para descobrir o seu significado. Isso, porém, não é poesia — é teologia: Ele lhes deu o poder de terem o direito de serem filhos de Deus. À luz disso, podemos entender por que eles receberam destaque, por que foram mencionados, por que o Deus todo-poderoso deu a notícia de que certas pessoas nasceram de uma maneira especial, não apenas segundo a carne. Esses eram os privilegiados — foi-lhes dado um direito que não pertencia a outros: o de se tornarem filhos de Deus.

Portanto, é claro que uma pessoa, que é criatura de Deus, torna-se um filho de Deus somente quando nasce por um privilégio ou direito especial e uma concessão do Deus todo-poderoso. Deveria nos interessar que esse é um direito e um privilégio que nem mesmo os anjos têm. Na verdade, chegará um tempo em que os crentes cristãos não terão mais vontade de se curvar diante de nenhum anjo de asas largas no céu. A escritura relata que Deus fez Jesus um pouco menor do que os anjos, para que Ele pudesse provar a morte por todo homem. Contudo, originalmente, Jesus não era inferior aos anjos, porque está escrito que todos os anjos de Deus o adoraram.

A promessa para nós é esta: o que Jesus é nós seremos. Não no sentido de divindade, certamente, mas em todos os direitos, privilégios e posição seremos iguais e semelhantes a Ele, pois o veremos como Ele é. Naquele dia, se houver alguma saudação e reverência a ser feita, os anjos o farão, pois os filhos do Deus Altíssimo receberam uma alta concessão e privilégio.

Por que realmente não acreditamos nisso? Não acreditamos nem parcialmente nisso! Se o fizéssemos, começaríamos a agir assim, em preparação para o grande dia. Na Inglaterra, o príncipe está em treinamento e preparo para se tornar o rei. Ele se submeteu a uma educação especial, pois lhe disseram: "Você pertence à realeza!".

Não consigo entender por que não começamos a agir como filhos de Deus, se acreditamos ter um direito especial e elevado de sermos filhos de Deus. Temos o direito de nos sentir incomodados ao ver os filhos do céu agindo como os filhos da Terra — comportando-se como filhos do mundo e da carne, vivendo como Adão, enquanto afirmam crer em um novo nascimento pelo Espírito.

Como essas pessoas obtiveram esse privilégio?

Eles creram e receberam. Vou pular a parte do "crer" porque, em muitos casos, nossa crença nos leva a um beco sem saída. Muitos que andam por aí "crendo" nunca conseguem realmente muito — mas esses que passaram por um nascimento místico creram, no sentido de que não foram cínicos, nem duvidosos, nem pessimistas. Eles assumiram uma atitude otimista, humilde e confiante em relação a Jesus Cristo como seu Senhor e Salvador. Eles o receberam, e a todos quantos o receberam, Ele deu o poder.

Você deve observar que a palavra "receber" não é passiva. Algo é passivo quando se recebe a ação, e ativo é se realiza o ato. Acho que chegamos à religião da passividade em nossos dias. Em relação a Deus, todos são passivos. Então recebemos a Cristo — nós tornamos isso algo passivo. A Bíblia não sabe absolutamente nada sobre um recebimento passivo, pois a palavra "receber" não é passiva, é ativa. Transformamos a palavra "receber" em "aceitar". Todo mundo sai por aí dizendo: "Você o aceita? Você o aceita?". Isso faz de Jesus Cristo um vendedor de vassouras, como se Ele ficasse esperando mansamente para saber se vamos comprar dele ou não. Embora precisemos desesperadamente do que

Ele oferece, decidimos soberanamente se o receberemos ou não.

Deixe-me repetir que a recepção passiva é desconhecida na Bíblia. Não há nenhum indício disso dentro dos limites da escritura sagrada. Eu, pelo menos, cansei de que pessoas que copiam todo mundo como papagaios me digam no que devo crer. Você poderia colocar alguns ministros em poleiros, e eles diriam: "Louro quer um biscoito — bom dia!" — tudo no mesmo tom de voz. Se alguém desafiar a linha de pensamento deles em seus livros, revistas e canções, eles olham para você por cima de seus narizes religiosos e declaram que você é radical ou influenciado pelo modernismo.

O simples fato é que fomos ensinados que a aceitação passiva é equivalente à fé, quando não é. No grego, a palavra "receber" é ativa — não passiva. Você pode ir a uma das traduções modernas e descobrirá que elas transmitem a ideia de "tomar" e "tomaram". "A todos quantos o tomaram", diz uma boa tradução em inglês, "deu-lhes o poder de se tornarem filhos de Deus".

É "pegar" em vez de "aceitar", e quero que você anote este pensamento, seja você leigo ou ministro, missionário ou estudante: receber Cristo salvificamente é um ato da personalidade total. É um ato da mente, da vontade e das afeições e, portanto, não é apenas um ato da personalidade total — é um ato agressivo da personalidade total. Portanto, ao trazer esse pensamento para este texto, o Espírito Santo está se referindo aos filhos de Deus: "Todos quantos o tomaram ativamente com toda a sua personalidade". Não há inferência de que eles possam se sentar e aceitar em silêncio. Cada parte do ser se tornou uma mão estendida para Jesus Cristo. Eles aceitaram Jesus Cristo como Salvador e Senhor com toda a sua vontade, todas as afeições, sentimentos e todo o intelecto. Isto é o que diz o texto no grego: "Todos quantos o tomaram ativamente".

O cristianismo evangélico está ofegando à procura do ar, pois chegamos a um período em que é popular cantar sobre lágrimas, orações e fé. Você pode escutar uma frase religiosa em quase qualquer lugar, bem no meio de um programa mundano dedicado ao mundo, à carne e ao diabo. O velho Mamom, com dois dólares de prata no lugar dos olhos, senta-se no topo de tudo isso, mentindo sobre a qualidade dos produtos, elogiando descaradamente atores que deveriam ser colocados para trabalhar assentando tijolos. No meio disso, alguém dirá com uma voz piedosa, treinada em estúdio para soar religiosa: "Agora, nosso hino da semana". Então o grupo musical entra e canta alguma música secular — cantam algo que o diabo deve corar ao escutar. Eles chamam a isso de religião, e eu admito que seja, mas não é salvação, não é cristianismo e não é o Espírito Santo. Não é o Novo Testamento e não é redenção — é simplesmente se aproveitar da religião por um custo.

No entanto, ainda acredito que, se alguém pudesse ser ouvido por milhares de pessoas em vez de somente por algumas centenas, e esse alguém tivesse não só inteligência, mas o óleo do Espírito Santo, e tivesse não só discernimento, mas também poder, ainda poderíamos salvar o cristianismo evangélico do beco sem saída em que ele se encontra. Advirto-o — nem por um segundo deixe que as multidões, que a agitação da atividade religiosa, que uma nova onda de pensamento religioso, enganem você e o façam pensar que ali há muita espiritualidade. Não é assim.

É por isso que o significado da palavra "tomaram" ("receberam") é tão importante aqui — todos quantos o receberam, ou seja, que ativa e decididamente o tomaram. Isso implica um exercício determinado da vontade, que não recusa nenhuma condição que o Senhor estabeleça. Você está me entendendo? Isso é algo bem diferente do que temos ouvido. Estes, que nasceram de Deus, não vieram ao Senhor para tentar chegar a um acordo sobre as condições, mas vieram ao Senhor e o tomaram sob as condições dele.

Este é o filho de Deus, o crente em Cristo que cumprirá qualquer condição que o Senhor estabelecer, até mesmo o abandono de parentes e amigos.

"Ah, você está ficando radical de novo", vocês vão dizer. "Sabíamos que você não conseguiria pregar um sermão que não contivesse algumas declarações radicais."

Bem, talvez. No entanto, você já leu as palavras de Jesus na passagem que diz: "Se alguém vem a mim e não aborrece a seu pai, e mãe, e mulher, e filhos, e irmãos, e irmãs e ainda a sua própria vida, não pode ser meu discípulo" (Lucas 14:26)?

Tentamos amenizar Jesus Cristo. Discutimos e brigamos por causa das traduções, mas qualquer tradução moderna lhe dirá o que Jesus Cristo afirmou: "Se você não vier a mim e me amar mais do que toda a sua família, não poderá ser meu discípulo. Se você não está disposto a colocar o amor por mim, seu Salvador, antes do amor por sua esposa, seu marido ou seus filhos, eu não o aceitarei. Se você não está disposto a abandonar seu pai, ou mãe, por minha causa, eu não o aceitarei". Essa é a súmula do ensino de Jesus sobre esse assunto.

"É cruel — terrivelmente cruel", você diz.

O Deus vivo exige amor e lealdade, e vemos isso como crueldade! Na verdade, o inferno é tão quente que Deus ainda está fazendo tudo o que pode para nos despertar e nos levar à ação. Ló poderia teria tido justificativas para abandonar aquela sua família ímpia e sair sozinho de Sodoma.

Esclareçamos as coisas. Jesus Cristo não nos oferece a salvação como se fosse apenas uma decoração, um buquê ou algum acréscimo ao nosso traje. Ele diz claramente: "Jogue fora os velhos trapos — tire tudo. Deixe-me vesti-lo com as roupas finas e limpas da minha justiça — a justiça que é toda minha. Então, se isso significar perda de dinheiro — perca-o! Se isso significar perda de emprego — perca-o! Se isso significar que a perseguição virá — aceite-a! Se isso trouxer ventos fortes de oposição, abaixe a cabeça contra o vento e o aceite — por amor a Jesus!".

Receber Jesus Cristo como Senhor não é uma questão passiva e suave — não é um tipo de religião pré-digerida. É alimento sólido, irmãos! Tão sólido que Deus está nos chamando, neste momento, para entregar tudo a Ele. Alguns querem se apegar aos prazeres pecaminosos, e em nossas igrejas, nesta hora mortal, degenerada e sodomita, somos culpados de tornar isso fácil e possível para cristãos de mente dividida.

"Basta acreditar em Jesus e o aceitar, e você poderá ser como era antes, poderá fazer o que fazia — contanto que não fique bêbado e corra atrás de mulheres. Tudo o mais está bem. Amém!" Esse é o tipo de cristianismo marginal que está sendo transmitido em muitos círculos, e o resultado é que temos uma religião que não é muito melhor do que o budismo ou o zoroastrismo. Acho que prefiro seguir Zoroastro e me ajoelhar duas vezes ao dia diante do sol nascente e do sol poente do que ser um cristão sem firmeza que insiste em "crer" na salvação e depois fazer o que lhe agrada e violar o senhorio do Salvador.

Vocês não podem fazer isso, irmãos, mesmo que seja uma ideia popular em nossos dias dar às pessoas algo para fazê-las felizes e dizer-lhes que elas podem ir para o céu; dizer-lhes que podem obter a vida eterna e nunca mais perdê-la, apenas ao "aceitar" — e depois disso elas podem fazer o que quiserem!

Pode-se fazer grandes reuniões que girem em torno disso — até mesmo escolas bíblicas, faculdades e grandes grupos de cristãos ocupados —, tudo girando em torno dessa ideia errônea. A Bíblia, no entanto, diz que todos os que o "tomaram" fizeram isso ativamente, positivamente, com toda a sua personalidade.

Shakespeare disse em *Hamlet*: "Todo o nosso reino está contraído em um semblante de tristeza".

Eu gostaria de mudar isso e dizer: "Toda a personalidade humana está contraída no agarrar de uma mão ativa que se estende e pega Jesus e diz: 'Aqui, Senhor, tu és meu — mesmo que me custe o sangue e a morte. Tu és meu, mesmo que me custe a perda de amizades. Tu és meu — mesmo que signifique a perda de meu emprego, posição ou status'".

Isso pode ser ilustrado frequentemente dentro de nosso próprio grupo. Penso no falecido Louis Henry

Zeimer de Toledo, que foi pastor de uma de nossas maiores e mais influentes congregações durante muitos anos, antes de sua morte.

Antes de sua conversão, ele era ministro de uma igreja denominacional. Ele frequentemente contava de quando leu um exemplar do *The Alliance Weekly* pela primeira vez e de ter ficado frente a frente com a possibilidade de ser salvo — e de saber disso.

Ele simplesmente entregou seu coração ao Senhor e se converteu. Então, começou a pregar para seu povo sobre a maravilha do novo nascimento e os avivamentos vieram. Ele foi chamado a prestar contas pelos líderes de sua denominação, então se levantou, leu para eles os escritos de Lutero e lhes mostrou que pregava o que Lutero ensinou sobre fé e justificação. Eles o inocentaram, mas pediram que renunciasse.

O irmão Zeimer disse: "Aquilo foi uma promoção!". Ele aceitou ser pastor de uma pequena igreja da Aliança — naqueles dias, geralmente nossas igrejas ficavam atrás de uma cocheira de estábulo ou de uma barbearia —, mas sua pregação e seu ministério o trouxeram para o grande Tabernáculo de Toledo, que enviou dezenas de missionários ao mundo, e, até mesmo, três dos próprios filhos e filhas de Zeimer. Esse homem sabia o que era receber a Cristo e viver por Ele, de maneira ativa, com toda a sua personalidade. Ele renunciou a tudo. Eles o expulsaram da denominação — lá se foi seu cargo, sua moradia pastoral, seu salário — tudo isso se foi por amor a Cristo.

Homens e mulheres de espírito inferior dizem: "Isso é cruel!". Mas e os comunistas? Os comunistas se dedicam à causa do comunismo — eles estão dispostos a dar sua própria vida para apoiar a fé em doutrinas da revolução mundial.

À luz disso, por que alguém deveria acusar Deus de crueldade quando Ele me oferece a vida eterna por meio de Jesus Cristo, o céu e todas as glórias do além, com a expectativa de que eu esteja disposto a virar as costas para tudo o mais como um filho de Deus? Não há nada de cruel nisso.

Por que os cristãos crentes deveriam querer tudo pré-cozido, pré-digerido, fatiado e salgado, esperando que Deus venha e nos ajude a comer, e leve a comida aos nossos lábios infantis enquanto batemos na mesa e espalhamos a comida — e ainda achamos que isso é cristianismo? Irmãos, não é! É uma forma degenerada e ilegítima que não tem o direito de ser chamada de cristianismo.

O ser humano que insiste que o Senhor Deus o "adule", deixando-o continuar como está indo, e ainda lhe diga no final: "Vem, servo fiel", é um tolo moral.

Alguém deveria lhe dizer isso agora. Eu gostaria de ser a pessoa que fará isso.

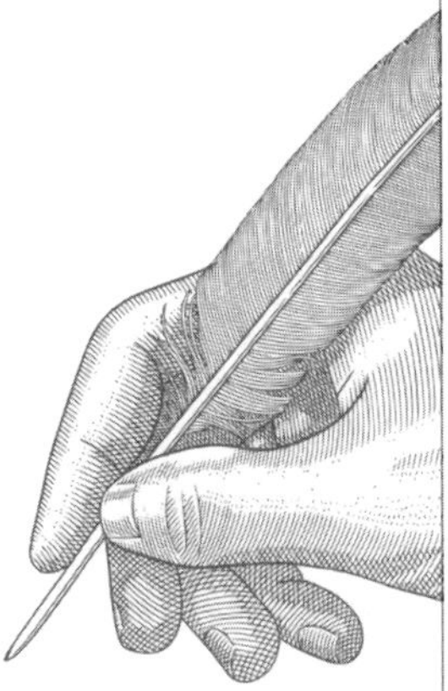

3

Fé no caráter de Deus: *Você está errado se sua fé repousa em promessas*

E tudo quanto pedirdes em meu nome, isso farei, a fim de que o Pai seja glorificado no Filho. Se me pedirdes alguma coisa em meu nome, eu o farei.

João 14:13-14

Esboço

Introdução

Há perigos na insistência moderna em ter confiança na "fé"; em ter fé em "promessas" e deixar de olhar, além disso, para o caráter de Deus. Os milagres não acontecem por causa da grande fé de alguém — eles devem vir da sabedoria, poder e caráter do Deus todo-poderoso.

I. *Nossa confiança é ousadia e segurança.*
   1. Baseia-se no caráter de Deus.
   2. Está infinitamente acima da razão.
   3. A fé nunca vai contra a razão — ela apenas se eleva acima dela.

II. *A oração não respondida pode ser prejudicial.*
   1. Muitas das nossas orações são completamente inúteis.
   2. Isso pode resultar em frieza e desânimo.
   3. Confirmará a descrença natural no coração.
   4. Encorajará a ideia de que a religião é irreal.
   5. Tende a deixar o inimigo com a posse de campo.

III. *As atitudes de incredulidade.*
1. A incredulidade é mais do que uma má conclusão.
2. Não há confiança em Deus e em seu caráter.
3. Há uma condição imoral do ser.
4. A incredulidade na verdade é um pecado moral.

IV. *As atitudes de confiança.*
1. O homem de fé não se baseia na razão.
2. Algumas coisas além da capacidade da razão humana.
3. Somente a fé nos garante as coisas de Deus.
4. O cérebro cambaleia por trás do ato de fé.

V. *O milagre do novo nascimento na experiência humana.*
1. O crente cristão deve ser um milagre.
2. As explicações psicológicas são deixadas para trás.
3. É simples — o homem redimido conhece Deus.
4. A ciência não pode entrar neste reino espiritual.

VI. *Os propósitos das promessas de Deus.*

1. Uma promessa me diz o que posso reivindicar.
2. Uma promessa me diz o que Deus planejou para mim.
3. Uma promessa é uma direção inteligente.
4. As promessas dependem da capacidade daquele que as faz.

VII. *Quão boas são as promessas de Deus?*

1. Elas são tão boas quanto o caráter de Deus.
2. Infinitamente rico — Ele nunca engana ninguém.
3. Infinitamente honesto — Ele é o Deus que não pode mentir.
4. A fé pode repousar seguramente nele.

VIII. *A desonestidade e o engano nos impedem de acreditar.*

1. Nosso ambiente mundano de mentiras.
2. A desconfiança se instala em nós desde o nascimento.
3. As pessoas devem esperar honestidade na Igreja.
4. A Bíblia é confiável — ela diz a verdade.

IX. *Jesus asseverou: "Pedi qualquer coisa em meu nome".*
1. Esta é a resposta — confiança nos méritos de Jesus.
2. Não peça um milagre para poder escrever um folheto sobre isso.
3. Deus move o céu e a Terra por qualquer alma humilde e confiante.

Em nossos círculos evangélicos, a fé é um tema sobre o qual gostamos de refletir. Alguns se preocupam porque não há mais milagres e maravilhas operados em nosso meio pela fé. Nos dias de hoje, tudo é comercializado, e devo dizer que não acredito em prodígios e milagres organizados como se fossem um empreendimento empresarial. "Milagres S.A" — pode ficar com isso. "Curas S.A." — pode ficar com isso também. E a mesma coisa vale para "Evangelismo S.A." e "Sem uma visão, o povo perece S.A.". Pode ficar com tudo isso para você.

Tenho minhas dúvidas quanto a sinais e prodígios que precisam ser organizados, que exigem papel timbrado, presidente, secretária e um grande trailer com luzes e câmeras. Deus não está nisso!

No entanto, o homem de fé pode ir sozinho ao deserto, ajoelhar-se e comandar o céu — Deus está nisso. O homem que se atreve a ficar em pé e deixar que sua pregação lhe custe algo — Deus está nisso. O cristão que está disposto a se colocar em uma situação e em que precise obter a resposta de Deus, e somente de Deus — o Senhor está nisso.

Você já sabe que tenho uma filosofia de fé, e devo começar lhe dizendo que não posso recomendar que tenhamos confiança na "fé". Temos muito desse tipo de coisa agora porque há homens que se dedicam completamente a pregar a fé. Como resultado, as pessoas têm confiança na "fé" — e em grande parte se esquecem de que nossa confiança não está no poder da fé, mas na pessoa e na obra do Salvador, Jesus Cristo.

Portanto, devo confessar que não posso me especializar em pregar esse tipo de fé. Nunca o fiz — ajude-me, não começarei agora. Eu conheço a verdade.

Em 1João, o apóstolo escreve por inspiração divina: "Esta é a confiança que temos para com Ele: que, se pedirmos alguma coisa segundo a sua vontade, Ele nos ouve. E, se sabemos que Ele nos ouve quanto ao que lhe pedimos, estamos certos de que obtemos os pedidos que lhe temos feito".

Temos plena confiança em Jesus Cristo — e essa é a origem, a fonte, o fundamento e o lugar de descanso de toda a nossa fé. Nesse reino de fé, lidamos com Ele, com o Deus todo-poderoso, aquele cuja natureza essencial é a santidade; aquele que não mente.

Nossa confiança aumenta à medida que o caráter de Deus se torna maior, mais belo e mais digno de confiança para nossa compreensão espiritual. Aquele com quem lidamos é aquele diante de quem segue a fidelidade e a verdade — aquele que não mente.

Portanto, essa é a confiança que temos nele. A fé calça suas longas botas celestiais — no topo da montanha, em direção aos picos brilhantes, e diz com satisfação: "Se Deus diz isso, eu sei que é assim". Veja, é o caráter do próprio Deus que nos concede essa confiança.

Agora, tenho que lhe dar outro aviso sobre as grandes diferenças entre o racionalista evangélico e o místico evangélico.

Há uma grande diferença entre acreditar em Deus e ter confiança nele por causa de seu caráter, em vez de acreditar que as coisas de Deus podem ser provadas e compreendidas pela razão humana. Temos agora racionalistas evangélicos que insistem em tentar reduzir tudo até o ponto em que pode ser explicado e provado — com o resultado de que racionalizamos a fé. Essa é a maneira pela qual procuramos atrair o Deus todo-poderoso até o baixo nível da razão humana.

Não insisto aqui que a razão humana e a fé em Deus são contrárias uma à outra, mas sustento que uma está acima da outra. Quando somos verdadeiros crentes na verdade de Deus, entramos em outro mundo — um reino que está infinitamente acima da razão. "Meus pensamentos não são seus pensamentos, nem meus caminhos, seus caminhos" — tão altos quanto os céus acima da Terra, tão grandes são os pensamentos de Deus acima dos pensamentos dos homens.

A fé nunca caminha contra a razão — ela simplesmente ignora a razão e se eleva acima dela.

Agora, ao lidar com esses assuntos no texto, devemos primeiro voltar ao claro enunciado de nosso Senhor de que "se pedirdes alguma coisa em meu nome, eu o farei".

Deixe-me dizer isto para começar: há muita oração sendo feita entre nós que não vale nada. É inútil e nunca traz nada de volta para nós. Não há nenhum bem possível que possa advir de nossa tentativa de encobri-lo ou negá-lo.

A verdade é que há oração suficiente feita em qualquer domingo para salvar o mundo inteiro — mas o mundo não está salvo. Praticamente a única coisa que volta depois de nossa oração é o eco da própria voz. Irmãos, afirmo que esse tipo de oração, tão comum entre nós, tem um efeito muito prejudicial sobre a Igreja de Cristo.

Se a oração não respondida continuar em uma congregação por um longo período de tempo, haverá um esfriamento e desânimo entre as pessoas que oram. Se continuarmos a pedir, pedir e pedir como uma criança petulante, sem nunca esperar receber o que pede, mas continuando a reclamar por isso, nosso interior se tornará frio e insensível.

Se continuarmos em nossas orações e nunca recebermos uma resposta, isso tenderá a confirmar a incredulidade natural do coração humano, pois se lembre disto: o coração humano, por natureza, está cheio de incredulidade. Foi a incredulidade, e não a desobediência, o primeiro pecado. Embora a desobediência tenha sido o primeiro pecado registrado, por trás do ato de desobediência havia o pecado da incredulidade, ou o ato de desobediência não ocorreria.

O fato de a oração não ser respondida também encoraja a ideia de que a religião é irreal, uma ideia que muitas pessoas em nossos dias defendem. "A religião é irreal", dizem. "É uma coisa completamente subjetiva, e não há nada real nisso."

É verdade que pode não haver nada tangível a que se possa fazer referência. Se eu uso a palavra "lago", todo mundo imagina uma grande massa de água. Quando uso a palavra "estrela", todos pensam imediatamente em um corpo celeste. No entanto, quando usamos palavras como "fé", "crença", "Deus" e "céu", não há uma imagem de uma realidade conhecida à qual nossa mente se refira imediatamente. Para a maioria das pessoas, essas são apenas palavras — como "duendes" e "fadas". Portanto, há uma falsa ideia de irrealidade em nossos corações quando oramos, oramos e oramos, e não recebemos respostas.

Talvez o pior de tudo seja o fato de que nossas falhas na oração deixam o inimigo com a posse do campo. A pior parte do fracasso de uma campanha militar não é a perda de homens nem a perda de prestígio, mas o fato de o inimigo ficar com a posse do terreno. No sentido espiritual, isso é uma tragédia e um desastre, pois o diabo deveria fugir. Nunca devemos ver nada além de sua nuca. Ele sempre deve recuar e travar uma ação de retaguarda. No entanto, em vez disso, esse inimigo blasfemo mantém presunçosa e desdenhosamente sua posição, e o povo de Deus permite que ele a tenha. Não é de admirar que a obra do Senhor se atrase em muitas áreas.

Repito que, se não tivermos nenhuma oração respondida, se nossas orações subirem ao céu e voltarem vazias, é como enviar um exército para a batalha sem armas. É como enviar um lenhador para a floresta sem um machado. É como enviar um agricultor ao campo sem arado. Não é de admirar que a obra de Deus esteja estacionada.

Ousamos perceber que Jesus disse que podemos ter qualquer coisa que pedirmos em seu nome? João enfatiza a verdade ao dizer: "Esta é a confiança [...] a ousadia [...] a certeza que temos". Não estou acrescentando palavras, pois o idioma inglês é altamente versátil — quase volátil. É a mais rica de todas as línguas, porque recebeu influência de todos os lugares. Nossa dificuldade é que, muitas vezes, somos forçados a usar meia dúzia de palavras para expressar o que uma só palavra significa em outro idioma. Então, quando o Espírito Santo, por meio de João, diz: "Esta é a confiança que temos nele", a palavra "confiança" não é suficientemente forte no inglês, então os tradutores afirmam que o que temos nele se trata de "ousadia". Outros dizem: "Esta é a certeza que temos nele". Portanto, são necessárias as palavras "confiança", "ousadia" e "certeza" para expressar, em nossa mente, o que João afirmou: "Isto é o que sentimos por Ele".

É aqui que chegamos à separação entre o homem de fé e o homem de razão.

Esse tipo de ensino, de que podemos ter confiança em Deus e Ele nos dará o que pedirmos de acordo com a sua vontade, é categoricamente rejeitado pelo homem incrédulo. Ele diz que não pode ser assim, que não aceitará isso, e exige a prova da razão humana.

Devo lembrá-lo de que a incredulidade não é apenas uma atitude mental — é uma coisa moral. A incredulidade é sempre pecaminosa porque todas as vezes pressupõe uma condição imoral do coração antes que possa existir.

A incredulidade não corresponde ao fracasso da mente em compreender a verdade. Não é a falha ou a falta de solidez de uma premissa lógica. Não é uma conclusão ruim tirada de uma premissa lógica. É um pecado moral.

O homem que diz que não pode acreditar nas promessas de Deus não pode entender a linguagem com a qual lidamos aqui. Ele diz: "Devo ter uma razão melhor para acreditar nisso do que o registro de João de que, se tivermos confiança em Deus, Ele nos ouvirá e nos responderá".

E, no entanto, durante todo esse tempo, enquanto a discussão continua, o homem de fé está confiante, pois não ousa descansar na razão humana. Embora ele não rejeite o lugar da razão humana, sabe que há coisas que ela não pode fazer.

Esta é a minha posição pessoal: nunca fui contra a razão humana. Eu apenas me expressei contra a razão humana tentando fazer as coisas que ela não se qualifica a realizar.

Em todas as áreas em que a razão humana se qualifica, afirmo: "Deixe a razão humana agir livremente". Você tem um abridor de latas em sua casa, e a razão o orienta em seu uso. Em outras palavras, você usa o abridor em latas, não para remendar as meias do seu filho.

Quase todo homem tem um martelo e uma serra em sua garagem. Ele sabe para que servem e como devem ser usados — ele os usa para martelar pregos e cortar tábuas, mas não os emprega para colocar o papel de parede na sala de estar.

Tudo foi criado com um propósito, e eu afirmo que há algumas coisas que a razão humana não pode fazer, pois estão além da sua capacidade.

A razão não poderia nos dizer que Jesus Cristo deveria nascer de uma virgem, mas a fé sabe que Ele nasceu.

A razão não pode provar que Jesus assumiu a forma de homem e morreu pelos pecados do mundo, mas a fé sabe que Ele o fez.

A razão não pode provar que no terceiro dia Jesus ressuscitou dos mortos, mas a fé sabe que Ele ressurgiu, pois a fé é um órgão do conhecimento.

Os racionalistas assumem a posição de que o cérebro humano, por si só, é o órgão do conhecimento, mas eles se esquecem ou ignoram completamente que a sensação também é um meio de conhecimento, assim como a fé.

Muitos de nós sofrem com o calor de hoje, mas nem toda a razão do mundo poderia dizer a você que a temperatura era de 37°C. No entanto, você sentiu que era, não é? A sensação é um meio de conhecimento.

Um jovem ama uma moça. Como ele sabe disso? Ele lê a enciclopédia para basear seu amor na razão? Não, ele ouve as batidas do próprio coração. Ele sabe disso pelo sentimento.

Assim, juntamente com a razão, o sentimento é um meio de conhecimento, e a fé pode se colocar na mesma categoria. Quem acredita em Deus e deposita sua confiança nele tem acesso a um conhecimento que a pessoa puramente racional não pode ter.

A razão não pode dizer: "Eu sei que Ele virá para julgar os vivos e os mortos", mas a fé sabe que Ele virá. A razão não pode dizer: "Meus pecados foram apagados", mas a fé sabe que eles foram perdoados e esquecidos.

A fé simplesmente ignora a razão e se eleva acima dela. O cérebro vai cambaleando atrás como um garotinho tentando acompanhar o pai. O cérebro, como o menino, segue com pernas curtas e atarracadas, tentando raciocinar.

É exatamente por isso que a palavra "maravilhar-se" aparece com frequência no Novo Testamento. "Ouvindo-o, se maravilhavam" (Marcos 6:2). "Maravilhavam-se sobremaneira" (Marcos 7:37). A fé ia adiante, fazendo maravilhas, e a razão a acompanhava, de olhos arregalados e com admiração. É assim que deve ser, sempre.

No entanto, em nossos dias, colocamos a razão à frente, com suas perninhas curtas, e a fé nunca a acompanha. Ninguém se admira, porque tudo pode ser explicado. Sempre afirmei que um cristão crente é um milagre, e, no exato momento em que você pode explicá-lo completamente, e tudo sobre ele, você não tem mais um cristão. Li os esforços de William James para psicologizar as maravilhas da obra de Deus na vida e na experiência humana, mas o verdadeiro e genuíno filho de Deus é alguém que não pode ser explicado pelo raciocínio humano.

Nesse relacionamento com Jesus Cristo, por meio do novo nascimento, algo acontece pelo ministério do Espírito de Deus que a psicologia não pode explicar. É por isso que devo afirmar que a fé, na verdade, é o tipo mais elevado de razão, pois a fé vai diretamente à presença de Deus. Nosso Senhor Jesus Cristo foi adiante como nosso precursor e intercede junto ao Deus todo-poderoso em nosso favor. É apenas por essa razão que o homem pode alcançar aquilo para o qual foi criado e, finalmente, comungar com a fonte de seu ser, amando a fonte de sua vida, orando àquele que o gerou e descansando no conhecimento de que Deus fez o céu e a Terra.

Agora, esse homem redimido pode não ser um astrônomo, mas ele conhece o Deus que criou as estrelas. Ele pode não ser um físico, mas conhece o Deus que fez a matemática. Pode haver muitos fragmentos de conhecimentos técnicos e específicos que ele não possui, mas ele conhece o Deus de todo o conhecimento e vai além do véu e entra em sua presença, onde permanece em silêncio, de olhos bem abertos, contemplando as maravilhas da Divindade.

É a fé que o leva até lá. A razão não pode refutar nada do que a fé descobre e conhece. A razão nunca pode fazer isso.

Por que os escritores cristãos deveriam pensar que precisam ajudar o Deus todo-poderoso, apoiando a Bíblia, como dizem, citando e reconciliando alguns fatos científicos? Eu lhes digo que todos caminham na direção errada, mas é isso que os bons homens fazem. Muitos deles são homens melhores do que eu, mas estão equivocados.

Nem todos os fatos científicos já reunidos em qualquer universidade do mundo podem apoiar um fato espiritual — porque você lida com dois reinos diferentes. Um lida com a razão, e o outro lida com a fé em Deus.

Se o Sol começasse a nascer no oeste e seguisse seu curso para o leste, e se o verão terminasse imediatamente e mergulhasse diretamente no inverno sem passar pelo outono, e se o milho nos campos começasse a crescer para baixo em vez de para cima — nenhuma dessas coisas mudaria minha opinião sobre Deus ou a Bíblia. Não tenho palavras para enfatizar com força suficiente minha posição de que a fé em Deus não depende do apoio de nenhuma ajuda científica.

Não, temos confiança e ousadia nele porque Ele é Deus, e aprendemos o suficiente sobre seu caráter para saber que podemos nos apoiar totalmente nele.

Alguns de vocês já escutaram que, se memorizarem mais versículos da Bíblia, terão mais fé. Tenho memorizado as Escrituras desde que me converti, mas se imaginarmos que mais versículos trarão mais fé, estamos completamente no caminho errado.

A fé não se baseia em promessas, ela se fundamenta no caráter. A fé deve repousar em confiança naquele que fez a promessa.

Foi escrito sobre Abraão que "ele não duvidou das promessas de Deus por incredulidade, mas se fortaleceu na fé, dando glória a Deus". A glória foi para Deus, não para a promessa.

Então, para que serve a promessa? Uma promessa me é dada para que eu saiba, com inteligência, o que reivindicar, o que Deus planejou para mim e o que Deus me dará. Essas são as promessas, que são orientações inteligentes e se baseiam no caráter e na habilidade de quem as fez.

Esse é um pensamento que pode ser ilustrado pela elaboração de nosso testamento antes de morrermos.

Se eu fizesse meu testamento, teria de deixar meus livros para alguém. Tenho alguns móveis domésticos, mas não muitos e nem muito caros. Com os livros, isso seria tudo. Suponha, porém, que eu fiz o testamento e então meus herdeiros escutam a leitura desse instrumento legal.

E se o advogado ler para meus herdeiros: "Deixo para meu filho, Lowell, um iate no Golfo do México".

"Deixo para meu filho, Stanley, uma propriedade de cem acres no estado da Flórida."

"Deixo para meu filho, Wendell, todos os direitos minerais que possuo no estado de Nevada."

Você sabe o que aconteceria, não é?

Todos os presentes para a leitura do testamento diriam com simpatia: "Aquele velho realmente perdeu a cabeça antes de morrer. Ele não possui nenhuma dessas coisas. Ele nunca teve um iate — na verdade, nem mesmo um veleiro de brinquedo da loja de dez centavos".

"Ele não era dono de nenhuma dessas coisas. Então, na verdade, fez um testamento sem validade legal. Ninguém pode cumprir esse testamento!"

Contudo, quando morre o homem mais rico do país e eles chamam os herdeiros, todos escutam atentamente há o próprio nome, por que este é um testamento válido, capacidade e recursos por trás dele. Ele fez o testamento para que os herdeiros tenham instruções sobre o que reivindicar. Se eu, porém, sou um homem sem dinheiro, não posso prometer e querer aquilo que não tenho.

Então, vejam, irmãos, a fé não repousa meramente em promessas, mas remonta ao caráter daquele que faz a promessa.

Assim, quando leio minha Bíblia, recebo uma promessa: "E esta é a confiança que temos para com Ele: que, se pedirmos alguma coisa segundo a sua vontade, Ele nos ouve" (1João 5:14).

Se Ele nos escutar, recebemos o que pedimos — essa é uma promessa de Deus.

Jesus disse: "Tudo quanto pedirdes em meu nome, isso farei" (João 14:13). Essa é uma promessa de Deus.

Quão boas são essas promessas? Tão boas quanto o caráter daquele que as fez.

Quão bom é isso?

Ah, essa é a confiança que temos. A fé diz: "Deus é Deus!". Ele é um Deus santo que não mente, o Deus que é infinitamente rico e pode cumprir todas as promessas. Ele é o Deus infinitamente honesto — Ele nunca enganou ninguém. Ele é o Deus infinitamente verdadeiro.

Tão bom e verdadeiro quanto Deus é, assim é sua promessa.

Bem, onde cometemos nosso erro, então? O que acontece com a nossa confiança?

Empurramos o Deus vivo para um canto, nós o usamos como uma fuga do inferno, recorremos a Ele para nos ajudar quando o bebê está doente — e depois seguimos nosso próprio caminho! Depois, tentamos aumentar a nossa fé lendo mais promessas na Bíblia.

No entanto, isso não funcionará — eu lhe digo que não funcionará.

Devemos nos preocupar com a pessoa e o caráter de Deus, não com as promessas. Por meio de promessas, aprendemos o que Deus desejou para nós, o que podemos reivindicar como nossa herança, como devemos orar —, mas a própria fé deve basear-se no caráter de Deus.

Isso é difícil de ver, meus amigos? Por que não enfatizamos isso entre nosso povo evangélico? Por que deveríamos ter medo de declarar que as pessoas nos círculos de nossa igreja devem conhecer o próprio Deus?

Por que não dizemos a eles que devem ir além do ponto de fazer de Deus um bote salva-vidas para seu resgate ou uma escada para tirá-los de um prédio em chamas?

Como podemos ajudar nosso povo a superar a ideia de que Deus existe apenas para ajudá-los a administrar seus negócios ou pilotar seus aviões?

Deus não é um mero ajudante, que está lá para servir você e carregar sua bagagem. Deus é Deus. Ele criou o céu e a Terra, sustenta o mundo em suas mãos, mede o pó da terra na balança e estende o céu como um manto. Ele é o grande Deus todo-poderoso — Ele não é seu servo. Ele é seu Pai, e você é filho dele. Ele se assenta no céu, e você se encontra na Terra.

Quando penso nos anjos que cobrem os rostos diante do Deus que não mente, pergunto-me por que todo pregador nos Estados Unidos da América não começa a pregar sobre Deus e nada mais. O que aconteceria se todo pregador apenas pregasse sobre a pessoa e o caráter de Deus durante um ano inteiro — quem Ele é, seus atributos, sua perfeição, seu ser, o tipo de

Deus que Ele é, por que o amamos e por que devemos confiar nele?

Digo a você que Deus em breve preencheria todo o horizonte, o mundo inteiro. A fé brotaria como a relva junto aos cursos de água. Então, deixe um homem se levantar e pregar a promessa, e toda a congregação se unirá em coro: "Podemos reivindicar a promessa — veja quem a fez".

Bem, esta é a confiança, irmãos, esta é a ousadia. A confiança pode demorar a chegar porque nascemos e crescemos em um ambiente de mentiras. Davi disse em sua pressa: "Todos os homens são mentirosos", mas nunca li que ele mudou de ideia quando se acalmou, por que todo mundo tem um coração enganoso, desesperadamente perverso por natureza, e fomos criados em um mundo no qual mentir é uma bela arte.

Ligue as transmissões e dificilmente encontrará um programa publicitário em que o locutor consiga falar por vinte segundos sem mentir. Já nos acostumamos com mentiras no rádio. Eles mentem nos outdoors. Eles mentem nas revistas. Esse tipo de engano está ao nosso redor, e captamos essa psicologia sem perceber. Temos a psicologia da desconfiança, perdemos a confiança nas pessoas.

Se um homem batesse à minha porta, um completo estranho, e dissesse: "Com licença, estou aqui para lhe dar 100 dólares por ser um cidadão honrado da vizinhança", eu não aceitaria — saberia que haveria um problema em algum lugar.

Passamos a esperar o engano, a "extorsão" e o ardil em tudo ao nosso redor. Um jovem apareceu recentemente e disse: "Bom dia, Sr. Tozer!".

Isso não me surpreendeu — ele poderia facilmente obter meu nome do vizinho ao lado.

Ele tinha um sorriso impossível de disfarçar, e eu perguntei: "O que você faz? Está vendendo revistas?".

"Vendendo revistas? É claro que não!", respondeu, e agiu como se eu o tivesse ferido profundamente com minha desconfiança.

Após cerca de quinze minutos de conversa, ele admitiu que o ajudaria na faculdade se eu pudesse me interessar por uma revista que ele, por acaso, só podia fornecer por assinatura. Ele, porém, tinha um nome diferente para isso.

Na maioria das vezes, vivemos em uma Terra de mentiras e decepções, e há uma psicologia de engano e desconfiança em nós desde o nascimento. No entanto, quando entramos no domínio do reino de Deus e na esfera da fé, descobrimos que tudo mudou — tudo é diferente nesse novo contexto.

Falsidades e enganos não são conhecidos no céu. Nunca no abençoado reino de Deus alguém enganou o outro. A querida e velha Bíblia, por si só, é um livro de absoluta honestidade.

Quando Jesus esteve aqui na Terra e andou entre os homens, Ele não usou manobras evangelísticas fantasiosas. Ele nunca disse: "Agora levante a mão; agora abaixe-a".

Já escutamos a respeito de pessoas que deveriam estar no trabalho cristão, e me pergunto se algumas delas não são canalhas. Graças a Deus, no verdadeiro reino de Deus não haverá trapaceiros sujos que se aproveitarão até de senhoras idosas.

A abordagem usada é: "Você me lembra minha mãe, que orava muito". "Quer orar comigo? Preciso de quinhentos reais para servir a Deus."

Ele sabe que ela tem os quinhentos reais, e, portanto, eles oram com ternura e, antes de ele ir embora, ela preenche o cheque de quinhentos reais, e ele segue seu caminho.

Devo dizer que tenho mais respeito pelo homem que rouba com uma arma — ele sabe que pode haver um policial virando a esquina. Ele, pelo menos, tem que conseguir seu dinheiro da maneira mais difícil. Tenho mais respeito por aquele que arrisca a própria vida do que pelo trapaceiro que se aproveita de uma pessoa desavisada com bajulação e oração hipócrita.

Digo essas coisas porque sinto isso com muita força — mesmo que eu seja considerado um cínico, um pessimista e um juiz severo por ousar dizê-lo. Quando vir essas coisas, direi — mesmo que isso reduza minha audiência ao líder da música, ao zelador e à minha esposa.

Por que eu deveria declarar isso? Porque, se há algum lugar no mundo no qual devemos ser honestos, é na igreja de Deus. Espero viver e pregar para que você traga as pessoas aqui e assegure-lhes que podem acreditar no que escutam deste púlpito.

Você pode lhes dizer: "O velho pode estar errado às vezes, mas ele é honesto". Enquanto eu tiver algo a dizer sobre isso, qualquer trapaceiro nunca terá um convite para colocar os pés sob o tapete atrás deste púlpito.

Bem, repito, a Bíblia sempre nos diz a verdade. Deus conta toda a história sobre os homens, Ele nos conta o que teríamos encoberto.

A Bíblia nos conta de Davi, um homem segundo o coração de Deus, e nos conta como Davi caiu, cometendo adultério. Teríamos deixado esse capítulo de fora, mas Deus o inseriu.

A Bíblia nos conta tudo sobre Pedro, um apóstolo do Senhor. Ele, porém, praguejou e jurou, dizendo a respeito de Jesus: "Eu nunca o conheci".

Ela nos diz que o apóstolo Paulo, um homem cheio do Espírito Santo, dirigiu-se ao sumo sacerdote e disse: "Parede branqueada!". Quando aqueles ao seu redor disseram: "Este é o sumo sacerdote, você sabe", Paulo asseverou: "Não, eu não sabia, e sinto muito, pois está escrito: Não falarás mal de uma autoridade do teu povo" (Atos 23:3-5, paráfrase).

Então, ele se desculpou e disse: "Fui santificado até aquele momento, mas falei asperamente e sinto muito". A Bíblia registra e conta tudo sobre o passado.

Então, apoiamo-nos na Bíblia, em sua verdade e certeza nas coisas de Deus. Você pode confiar nela — mas não abuse nem faça mau uso dela.

A Bíblia não diz que, se você aceitar Cristo, terá paz de espírito. Não diz que, por ser cristão, você vai relaxar, ir para a cama e dormir tranquilamente por doze horas. Também não diz que você repentinamente será bem-sucedido ou crescerá cabelo em sua calvície.

Ela diz que você terá a vida eterna agora, com muitas dificuldades, problemas, espinhos e cruzes, mas com glória no mundo vindouro e a eternidade com Deus. A Bíblia deixa claro que, se você for forte o suficiente para suportar os espinhos, as cruzes, as dificuldades e a hostilidade, poderá ter a coroa — mas você a conquista com derramamento de sangue e lágrimas.

São essas coisas que a Bíblia nos diz. É a velha Bíblia boa e honesta, sincera e confiável. Não é de admirar que os santos de Deus morram com a Bíblia ao seu lado.

Agora, que tal este registro, verdade e declaração de nosso Senhor: "Peça qualquer coisa em meu nome"? Isso significa: "Peça de acordo com a vontade dele". É aqui que entram as promessas — você deve conhecer as promessas para saber qual é a vontade dele. Memorize a Palavra de Deus, deixe-a fazer parte do seu ser, a fim de a conhecer plenamente e contar com os méritos de Jesus.

Ah, eles são suficientes, meus irmãos! Os méritos de Jesus. Vamos para o céu pelos méritos de outros — não há dúvida quanto a isso. Entraremos porque outro substituiu nosso nome. Viveremos porque outro morreu. Estaremos com Deus porque outro foi rejeitado da presença de Deus no terror da crucificação. Vamos para o céu pelos méritos de outro.

Portanto, veja, nossa fé repousa sobre o caráter de Deus e os méritos do Filho de Deus. Você não tem nada a oferecer — apenas sua pobre e miserável alma.

Deixe-me lembrá-lo de que o homem mau que imagina ser bom é excluído do reino de Deus para sempre, mas o homem que se reconhece como o principal dos pecadores e um servo indigno apresenta-se em humildade, dependendo dos méritos de outro que é capaz de purificar e salvá-lo.

Se você orar e disser: "Oh, Senhor, eu tenho sido um bom menino. Responda à minha oração", você nunca receberá resposta.

Contudo, se você orar com genuína humildade: "Oh, Deus, pelo amor de Jesus, faça isso!", receberá resposta.

Você não pode ir a Deus com barganhas e promessas, mas ao se lançar sobre Ele, sem se importar com as consequências, e confiar no caráter dele e nos méritos de seu Filho, você receberá a petição que lhe solicitou.

Temos essa confiança em Deus e temos esse respeito por sua vontade — não esperamos que Ele faça milagres para nós, a fim de escrever folhetos sobre isso. Acreditamos em Deus, mas nunca seremos pegos pedindo a Deus que nos envie esse tipo de brinquedo para nos divertirmos.

Você pode ter problemas e se preocupar, dispondo-se a ser honesto com Deus. Você pode ter confiança nele, pode ir a Ele nos méritos de seu Filho, reivindicando suas promessas, e Ele não o decepcionará. Deus o ajudará e você encontrará o caminho da libertação de seus problemas.

A graça de Deus revelada em nossa vida é algo humilhante — onde estaríamos agora, o que seríamos agora, sem as promessas de Deus, os méritos do sangue de Jesus e o caráter do Deus vivo? Tudo isso contribui para a base de nossa esperança — não nossa bondade, não o que poderíamos prometer fazer ou ser, não o que fizemos —, mas os méritos do Deus vivo, que não mente.

Deus moverá céus e terra pela alma que confia nele. Deus fará o rio correr para trás. Deus fará o ferro flutuar. Deus ajudará seus filhos se confiarem nele — com certeza e ousadia.

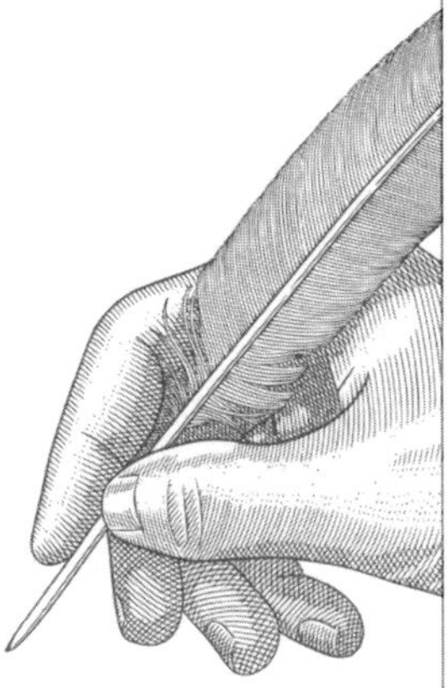

4

Verdadeiros discípulos de Cristo: *Eles sabem que nunca mais voltarão*

Disse, pois, Jesus aos judeus que haviam crido nele: Se vós permanecerdes na minha palavra, sois verdadeiramente meus discípulos.

João 8:31

Esboço

Introdução

Jesus deu a entender que existem "outros" tipos de discípulos cristãos, bem como verdadeiros discípulos. Ele diz aos crentes judeus de sua época que eles devem continuar em sua Palavra para serem "verdadeiros discípulos" e que conhecerão a verdade à medida que confiarem e obedecerem.

As palavras de Jesus também não deixaram dúvidas sobre o fato de que Ele podia falar por seu Pai celestial.

I. *Quem é um verdadeiro discípulo de Jesus Cristo?*

1. A Palavra de Deus sondou seu coração.
2. Ele acredita que Jesus Cristo pode libertá-lo do pecado.
3. Ele se tornou um cristão em todas as áreas da vida.
4. Ele chegou ao ponto no qual não há como voltar.

II. *Quais são os "outros" tipos de discípulos?*

1. Um discípulo por impulso ou entusiasmo.

2. Um discípulo atraído pelo culto da personalidade.
3. Um discípulo que é meio-discípulo em tempo parcial.
4. Um discípulo de curto prazo — ele planeja voltar atrás.
5. Um discípulo "camaleão" — ele pode mudar de cor.

III. *As marcas daqueles que não são discípulos "de fato".*

1. Eles parecem piedosos no domingo.
2. Eles não desistem de seus "outros" amores.
3. Eles sempre vão para a própria "empresa".
4. Eles rejeitam levianamente as palavras do Senhor.

IV. *Benefícios prometidos ao verdadeiro discípulo.*

1. Você saberá a verdade.
2. Haverá uma iluminação interior.
3. A verdade realmente o libertará.

VOCÊ É ALGUM OUTRO TIPO de discípulo, em vez de um "discípulo de fato"?

Observe o que nosso Senhor disse aos judeus que acreditaram e começaram a segui-lo: "... Discípulos de fato" — de fato, discípulos!

"Se vocês permanecerem na minha palavra, então vocês são discípulos em mais do que no nome — vocês são discípulos realmente e de fato!"

Deve haver "outros" tipos de discípulos, ou Ele nunca teria dito isso.

Veja, você pode aprender muito com aquilo que não está realmente escrito. Por essa razão, todos sabem como uma palavra pode implicar a outra.

Se eu disser "para cima", é porque existe um "para baixo". Se disser "longo", então existe um "curto", ou não teria de dizer "longo". Se eu disser "bom" — deve haver um "ruim", ou não haveria nada para comparar.

Então, quando Jesus disse: "Sois verdadeiramente meus discípulos" (João 8:31), é porque deve haver algum outro tipo de discípulo, ou Ele não teria usado a expressão.

Antes de considerarmos alguns dos outros tipos de discípulos, em comparação com os verdadeiros discípulos, observe a estrutura da discussão de Jesus com os fariseus.

Primeiro, eles fizeram a pergunta: "Onde está teu Pai?" (João 8:19).

Jesus ousou lhes responder: "Não me conheceis a mim nem a meu Pai; se conhecêsseis a mim, também conheceríeis a meu Pai".

Então, Ele continuou: "Vou retirar-me, e vós me procurareis, mas perecereis no vosso pecado" (v. 21).

Em seguida, eles fizeram a pergunta insolente: "Quem és tu?" (v. 25).

Jesus respondeu: "Desde o começo eu disse quem sou (v. 25, NTLH). Eu disse: 'Destruí este santuário, e em três dias o reconstruirei' (João 2:19) — e é isso que eu sou".

"Eu disse: 'O Filho do Homem que está no céu' (João 3:13) e me referi a mim mesmo, e é isso que eu sou."

"E eu disse: 'Eu sou o Cristo, eu que falo contigo' (ver João 4:26) — isso é quem eu sou."

"Eu disse: 'O Filho dá luz àqueles a quem quer' (João 5:21, paráfrase) — esse é quem eu sou."

"Eu disse: 'Eu sou o pão da vida que desceu do céu e dá vida ao mundo' (ver João 6:33,35) — e é isso que eu sou."

"E eu disse: 'Eu sou a Luz do mundo; quem me segue não andará nas trevas' (João 8:12) — e é isso que eu sou."

"Eu falo e julgo e o Pai está comigo porque faço sempre o que Lhe agrada. E eu falo do Pai (ver João 8:16, 28, 29) — e é isso que eu sou."

Por favor, não deixe de notar que Jesus podia dizer, e de fato disse: "Eu falo e julgo — e falo da parte do Pai".

Jesus não estava oferecendo conselhos humanos que você poderia aceitar ou rejeitar de acordo com o que achasse desses conselhos. Em vez disso, Ele sempre falou com autoridade absoluta e definitiva.

Não era apenas um homem falando. Era Deus falando. Não era apenas o conselho de um homem bom e religioso — era Deus falando.

Isto, então, foi o que Jesus disse aos seus questionadores: "Eu falo da parte do Pai, e as coisas que vi e ouvi, eu lhes digo. Vocês podem confiar em mim, porque eu desci do alto e represento o Pai, e falo por Ele, de modo que o que Ele diz tem autoridade absoluta — autoridade absoluta e final, da qual não há apelação".

Isso é bem diferente das coisas que escutamos nos círculos eclesiásticos. Algum bispo diz: "É para ser assim...", mas você sempre pode apelar para o arcebispo. Então, se você não gostar do que ele diz, pode ir apelando, até chegar à autoridade máxima.

No entanto, quando o Senhor Jesus Cristo fala, não há apelação. É Jesus ou a noite eterna. É escutar o que Ele diz ou ficar para sempre na ignorância. É pegar sua luz ou ficar para sempre nas trevas.

Imediatamente alguém diz: "Que arrogância! Que intolerância! Não acredito em cristãos intolerantes!".

Bem, talvez eu o assuste. Acredito na caridade cristã, mas não acredito na tolerância cristã.

Acho que o homem que odeia o nome de Jesus e acredita que Ele não é o Filho de Deus, mas um impostor, merece caridade de nossa parte. Acho que se eu morasse ao lado dele, não colocaria uma cerca entre minha casa e a dele, e acho que se trabalhasse com ele, não me recusaria a ser seu amigo. Acredito na caridade cristã, mas não acredito na tolerância fraca que é pregada com tanta frequência agora — a ideia de que Jesus deve tolerar todos e que o cristão deve tolerar todo tipo de doutrina. Não acredito nisso nem por um minuto — pois não há dez "certos" — há apenas um "certo". Há apenas um Jesus, apenas um Deus e apenas uma Bíblia. Quando nos tornamos tão tolerantes que levamos as pessoas à névoa mental e à escuridão espiritual, não agimos como cristãos — mas como covardes. Não podemos fazer melhor do que lembrar que quando Jesus Cristo falou, é isso!

Ele podia falar, em verdade: "Eu sou aquele que veio do coração do Pai. Eu sou a Palavra Eterna que estava no princípio com Deus, e que era e é Deus, e isso é quem eu sou".

Essa posição deixa bem claro que não é Jesus e muitas outras filosofias. É Jesus, somente. Ele é o suficiente.

Nós, que somos evangélicos e conservadores em teologia, frequentemente somos acusados de "intolerantes". Só posso responder que a ciência e a filosofia são mais arrogantes e intolerantes do que a religião jamais poderia ser.

Eu nunca peguei minha Bíblia, fui ao laboratório e tentei dizer ao cientista como conduzir seus experimentos, e agradeceria a ele se ele não trouxesse seu tubo de ensaio para o lugar sagrado e tentasse me dizer como conduzir os meus.

O cientista não tem nada que possa me dizer sobre Jesus Cristo, nosso Senhor. Não há nada que ele possa acrescentar, e não preciso apelar para ele. Estudei Platão e outros filósofos ainda jovem quando trabalhava como operário em uma fábrica de borracha — pois é de onde eu vim, as seringueiras de Akron, Ohio. Contudo, nunca descobri que Platão acrescentou algo definitivo ao que Jesus Cristo disse. Estudar os filósofos pode esclarecer meu pensamento e ampliar a perspectiva, mas não é necessário para minha salvação. Só posso dizer: sejamos tolerantes com tudo o que pudermos e sejamos caridosos com tudo o que não pudermos tolerar, mas não imaginemos, nem por um minuto, que somos chamados a assumir um meio-termo, nunca sabendo exatamente no que acreditamos. Um coração honesto pode vir a Ele, buscando, mas sem compreender. Pode levar uma semana, ou um mês, um ano ou dez anos para ajudá-lo a provar e a entender. No entanto, disto ele pode ter certeza — nosso Senhor nunca dirá nada diferente do que já disse. Ele nunca limitará a força ou o significado do que disse. Nunca colocará uma nota de rodapé para declarar: "Eu não quis dizer exatamente isso".

Ele é taxativo em suas declarações. Ele é a Palavra Eterna, e devemos escutá-lo se quisermos que nosso discipulado seja genuíno e consistente.

Devemos pensar com alegria naqueles que são verdadeiros discípulos de Jesus Cristo.

Um verdadeiro discípulo não dá um salto impulsivo no escuro. Ele é alguém que se tornou um cristão após reflexão profunda e consideração adequada. Ele permitiu que a Palavra de Deus sondasse seu coração e entendeu o sentido do próprio pecado e a necessidade de ser liberto dele. Ele creu que Jesus Cristo é a única pessoa que pode libertá-lo da culpa e se entregou sem evasivas ou reservas a Jesus Cristo como Salvador.

Um verdadeiro discípulo não considera seu cristianismo um compromisso de meio período, portanto ele se tornou um cristão em todos os departamentos da vida. Ele atingiu o ponto na experiência cristã em que não há como voltar. Siga-o todas as horas do dia e da noite e você descobrirá que pode contar com sua fidelidade a Cristo e a alegre permanência na Palavra de Deus.

Agora, e os "outros" tipos de discípulos?

Acho que primeiro devemos considerar a pessoa que se torna um discípulo de Cristo por impulso.

É provável que essa seja a pessoa que veio movida por uma onda de entusiasmo. Desconfio um pouco de qualquer um que se converta com muita facilidade.

Tenho a sensação de que, se ele pode se converter facilmente a Cristo, pode muito facilmente voltar atrás. Tenho medo do homem que simplesmente cede ao impulso e que não tem nenhuma resistência para aceitar algo novo.

Gosto do pecador que fala sério — mesmo que a princípio ele se levante, olhe nos seus olhos e diga: "Eu não acredito nisso e não vou fazer isso".

Chegará o momento em que ele reconsiderará e dará a si mesmo tempo para esfriar a cabeça. Ele meditará, escutará a Palavra e pensará seriamente sobre ela. Então, lenta mas seguramente, decidirá que o caminho de Cristo é o percurso que deve seguir. Quando ele se torna um cristão, é para valer.

No entanto, o homem que é instável, fácil de ser influenciado a aceitar a fé, será facilmente influenciado a deixar a fé novamente. Se você conseguir convencê-lo a entrar reino, também poderá convencê-lo a sair outra vez, em pouco tempo.

Alguns se tornaram discípulos porque estavam na situação certa e no estado de espírito favorável. Talvez a mãe dessa pessoa tivesse morrido no ano anterior e, quando cantaram um hino de apelo que mencionasse a oração de mãe, essa pessoa foi à frente chorando. Pode ser que o tempo todo as pessoas pensassem que ele era um homem verdadeiramente arrependido, que estava também emocionado por ter lembrado da mãe.

O cristianismo por impulso não é a resposta para o discipulado. Deus não vai nos enxotar para dentro do Reino de Deus. Ele é verdadeiro quando diz: "Agora é o dia da salvação, agora é o tempo aceitável", mas Ele não quer que sejamos colhidos antes do tempo, como se ainda estivéssemos na casca.

Na verdade, concordo com o homem que pensa o suficiente sobre essa decisão para dizer a verdade: "Quero um dia para pensar sobre isso. Quero uma semana para ler a Bíblia e meditar sobre o que essa decisão significa".

Nunca considerei um grande elogio à igreja cristã o fato de conseguirmos fazer as pessoas ficarem entusiasmadas em pouco tempo. Você sabe, uma chaleira pequena esquenta mais rápido do que uma grande — mas também esfria bem mais depressa. Quanto menos houver na chaleira, mais rápido ela começará a soltar vapor.

Assim, há alguns que se convertem por entusiasmo e abandonam a igreja por princípio!

Além disso, encontrei o tipo de discípulos que pareciam ser cristãos por causa do culto à personalidade. Eles ficaram impressionados e encantados com pessoas que tinham uma personalidade cativante. Você não pode negar que, quando algumas pessoas exibem um sorriso, o rosto delas parece derreter como uma gota de chocolate, e você quer segui-las imediatamente.

Sempre me incomodei um pouco com testes de personalidade, e, mesmo sendo viciado neles, nunca encontrei um que realmente me beneficiasse. Apesar disso, eu nunca rejeito um, especialmente se ele diz: "Você é um bom marido, ou um bom pai, ou você tem personalidade?". Sempre pareço sair com uma pontuação ruim. Certa vez, disse ao Dr. H. M. Shumann, presidente de longa data da Aliança Cristã e Missionária e um velho e sábio filósofo cristão: "Dr. Shumann, ninguém me seguirá. Não posso deixar de notar todos os grandes líderes com seu charme e personalidade de sobra — tudo o que eles precisam fazer é assobiar e lá vem as multidões".

O Dr. Shumann disse: "Agradeça a Deus por não estarem seguindo você. Se não o seguirem, apenas pregue Jesus, e eles seguirão Jesus".

Quando pensamos sobre isso, percebemos que o próprio Jesus não tinha beleza para que o desejássemos. Ele não era um tipo que se impunha por sua personalidade. Eu acho que Ele deve ter sido apenas um judeu de aparência comum, pois Judas teve que beijá-lo para indicar quem Ele era. Se Jesus fosse uma personalidade da televisão e desempenhasse um papel, ninguém teria trabalho para localizá-lo. Eles tiveram que localizá-lo para saber quem ele era entre os outros judeus.

É por isso que acho que Jesus era um homem de aparência simples, mas quando Ele abria a boca, saía glória, e homens e mulheres ou rejeitavam essa glória ou a seguiam. No entanto, de qualquer forma, eles percebiam a glória e sabiam que nunca mais seriam os mesmos.

Agora, vamos pensar nos que são semidiscípulos, isto é, discípulos parciais, meio-discípulos.

Esses são homens e mulheres que colocam a vida parcialmente sob o controle de Cristo, mas deixam de fora áreas inteiras que não estão sob seu controle.

Há muito tempo, cheguei à conclusão de que, se Jesus Cristo não me controla totalmente, é muito provável que Ele não esteja controlando nada em mim.

Pode soar estranho, mas eu encontrei discípulos cristãos que eram meio-salvos. Por favor, não me peça para identificá-los teologicamente — não posso fazer isso, não sei. Fico feliz por Deus não me pedir para escrever algumas cartas de recomendação para algumas pessoas que Ele não pode conduzir. Ele não me pede isso, pois sabe a condição de cada pessoa — se está dentro ou fora do reino, e eu não sei.

Eu só sei isso sobre algumas dessas pessoas que vejo como meio-discípulos: elas permitirão que o Senhor as incomode em algumas coisas, mas certamente não em outras. Elas obedecerão ao Senhor em certas áreas de sua vida, mas desobedecerão voluntariamente em outras áreas.

O resultado é que não sei onde as posicionar. Não sei o que fazer com elas, e, portanto, devo deixá-las com Deus.

Contudo, quanto a mim, não quero ser meio-discípulo. Quero toda a minha vida — tudo de mim — sob o domínio do Senhor Jesus Cristo.

Era um velho pregador inglês que costumava dizer: "Se Cristo não puder ser o Senhor de tudo, Ele não será o Senhor de nada".

Certamente, Ele quer ser o Senhor de toda a minha vida e quer que eu seja um discípulo que permitirá que Ele governe todo o meu ser.

Sei que algumas pessoas não conseguem entender a menos que você explique detalhadamente e deixe bem claro com uma ilustração. Então aqui está:

> Um jovem cristão começa com um rosto radiante. Ele se ajoelha nas reuniões de oração e diz: "Senhor, toma-me. Senhor, usa-me!". Ele parece ser um exemplo de homem cristão consagrado.
>
> Então aquela linda garotinha aparece. Ela não é cristã, mas é bonita de se ver, com personalidade agradável e voz suave. O jovem se interessa, e ela começa a desviá-lo.
>
> Bem, há um casamento, eles arrumam a casa e logo ele está entre aqueles que não aparecem para a reunião de oração. Você lhe pergunta sobre isso, e ele responde: "Bem, ela tinha outro plano para mim".
>
> Em pouco tempo, ele É parte cristão e parte marido, e não atua bem em nenhuma das duas funções.

Irmãos, não quero ser cruel, mas devo ser honesto. Jesus Cristo quer e deve ser o Senhor, deve ser o cabeça e o Senhor de todos os departamentos da minha vida. Você não pode ter aquela namorada, esposa, casa ou emprego, tudo fechado em um pequeno compartimento hermético que Jesus não pode controlar. Ele deseja estar no controle e deve estar no controle de toda a sua vida — ou você não será um discípulo de fato.

Outros são discípulos — mas apenas por um curto período. Conheci alguns deles. Eles sempre deixam uma saída. Eles nunca queimam as pontes atrás deles. Eles nunca chegam ao ponto sem volta.

Acredito que um cristão seja realmente um cristão, um discípulo de fato, quando chega a um ponto sem volta.

As pessoas em nossas igrejas não se preocupariam tanto se você pode — ou não — se perder depois de ser salvo, se fossem direto ao assunto e dissessem: "Senhor, não vou me preocupar com problemas teológicos. Vou enfrentar as coisas agora e chegar ao ponto sem volta. Eu não vou retroceder".

Existem discípulos de curto prazo que ainda não chegaram a esse ponto. Eles são de meio período, de curto prazo. Eles são discípulos sazonais. Vão à igreja no domingo de Páscoa, no Natal e em ocasiões especiais. Podem ser muito religiosos em certas épocas. Não sei se você já escutou falar em discípulos "camaleões"? Eles são os camaleões do reino e podem mudar de cor com a multidão. Também existem até alguns pregadores assim. Eles podem falar a língua da multidão com a qual estiverem. Se estão com os liberais, vejam só, eles começam a falar como liberais.

Se estão com evangélicos, começam a falar como evangélicos.

Eles são adaptáveis, como dizem.

Você pode escutar um bom irmão dizer: "Eu acredito na adaptação".

Irmão, não acho que eles precisem de nenhum ajuste — eles só precisam de Deus.

Como discípulos cristãos, acho que somos o que somos onde quer que estejamos. Como um diamante. Um diamante não se ajusta — é sempre um diamante.

E assim, um cristão deve ser sempre um cristão. E ele não é cristão se tiver de esperar um ambiente para praticar sua religião. Agora, anote isso! Um cristão não é cristão se tiver de ir à igreja para ser abençoado. Um cristão não é cristão até que o seja totalmente, até que alcance o ponto sem volta. Não mais ocasional — mas constante o tempo todo. Então, o Senhor diz, ele é um discípulo de fato. Ele está prosseguindo em conhecer o Senhor.

Agora, pode ser bom olhar para algumas das características daqueles que não são verdadeiramente discípulos.

Alguns deles têm apenas aquele olhar piedoso. Na verdade, no domingo de manhã, eles parecem tão piedosos quanto uma coruja empalhada. Nós os temos nos círculos evangélicos. Temos muitos deles na Aliança e alguns deles nesta igreja.

Eles podem se dar ao luxo de ser piedosos às 10h45, aos domingos. É uma hora muito conveniente. Não é preciso ser religioso para acordar a tempo para ir à igreja às 10h45. Você não perde o almoço de domingo. Você não perde horas de sono. Não lhe custa nada. Você ganha um pouco de ar fresco. Não dura muito tempo. Na maior parte das vezes, a música é boa.

Assim, a pessoa que vai à igreja apenas uma vez no domingo deixa-se aberta à suspeita de que é apenas um discípulo domingueiro. Ele não esteve aqui na igreja o suficiente para provar que é outro tipo de discípulo.

Outra marca é esta: eles não desistiram de seus outros amores. Fenelon disse, muitos anos atrás: "Desista de seus amores, para que você possa encontrar O amor. Abandone seus amantes, para que possa encontrar o grande AMANTE. Desista de tudo o que você ama, a fim de encontrar AQUELE a quem você pode amar".

Contudo, muitos desses discípulos não farão isso — eles não desistirão dos outros amores. Eles querem pegar o mundo na mão esquerda e a cruz na mão direita, e andar na corda bamba entre o céu e o inferno.

Eles esperam pela graça de Deus dar um último salto sobre os portais eternos.

Não, isso jamais vai acontecer.

Lembro-me do velho Balaão no relato bíblico. Ele fez uma oração melancólica e, com base nessa oração, metade dos pregadores deste país o teria destinado direto para o céu.

Ele disse: "Oh, Deus, deixe-me morrer a morte dos justos!".

Então, ele passou para o lado do pecador e lutou contra o justo na batalha.

Quando ele morreu, que tipo de morte ele teve? Ele morreu a morte dos justos?

Eu digo "não". Ele morreu a morte do pecador, porque havia vivido a vida de um pecador. Se você quer morrer a morte dos justos, terá de viver a vida dos justos.

E, se você quer morrer como um cristão, deve viver como um cristão. Se você deseja que o Advogado lá de cima seja um abrigo para você naquela hora, deve permitir que Ele seja para você um abrigo agora mesmo.

Qual é a outra marca desse "outro" tipo de discípulo? Bem, ele sempre será atraído por sua própria turma. Sempre irá procurar pessoas tais como ele.

Nesta igreja, como na maioria das outras, há alguns que afirmam ser discípulos e que mal compareceram a uma reunião de oração durante o ano passado. O Dr. William Pettengil explicou isso para nós alguns anos atrás. Ele fazia uma exposição no livro de Atos, e chegou à passagem que diz: "Quando... foram soltos, voltaram para o seu grupo" (Atos 4:23, NTLH).

Ele insistiu bastante no fato de que, mesmo nos círculos da igreja, geralmente vamos para nosso próprio grupo. Deixe algumas pessoas irem, e elas logo pescarão com outros pescadores. Deixe outra multidão ir, e ela logo estará em uma sala de concertos ouvindo uma ópera. Deixe outra multidão ir, e eles se sentarão na arquibancada para assistir às corridas de cavalos. Sempre iremos para nosso próprio grupo. Os cristãos sempre se reunirão também. Aqueles que gostam de reuniões de oração se encontrarão na reunião de oração. Se tivermos um coração cristão, seremos cristãos mais do que uma vez por dia.

Há também aqueles que dizem: "Sou um discípulo de Cristo" — mas rejeitam e ignoram levianamente muitas de suas palavras e mandamentos.

Alguns professores tentaram envolver a pessoa de Jesus em uma névoa rosa de sentimentalismo, mas realmente não há desculpa para entendê-lo mal. Ele esticou a linha, tão apertada quanto a corda de um violino, e disse: "Quem não é por mim é contra mim; e quem comigo não ajunta espalha" (Lucas 11:23). "Aquele que não crê que eu sou o Cristo morrerá em seus pecados". "Aquele que não nascer de novo do alto perecerá" (João 8:24; João 3:3, paráfrase).

Naquele grande dia no qual julgará a humanidade, Ele diz: "Eu me sentarei no meu trono, e diante de mim serão reunidas as nações" (Mateus 25:31, 32, paráfrase). Isso não deixa nenhuma sombra de dúvidas — nenhum meio-termo.

Considere os benefícios prometidos ao verdadeiro discípulo.

Jesus disse: "Conhecereis a verdade".

Acho que posso lhe ajudar neste ponto. Ninguém pode conhecer a verdade, exceto aqueles que obedecem à verdade.

Você acha que conhece a verdade. Um homem pode pensar que conhece a verdade. As pessoas memorizam texos bíblicos às dezenas, mas isso não é garantia de conhecer a verdade. A verdade não é um texto. A verdade está no texto, mas é preciso o texto e o Espírito Santo para trazer a verdade à alma humana. Você pode memorizar um texto, meu irmão, mas a verdade deve vir do Espírito Santo mediante o texto. A fé vem pelo ouvir a Palavra, mas a fé também é dom de Deus pelo Espírito Santo.

A verdade deve ser compreendida pela iluminação interior — então conheceremos a verdade. Até aquele momento, nós não a conhecemos. Então, Jesus disse: "Se seguirdes, se permanecerdes na minha Palavra, então sereis verdadeiramente meus discípulos e conhecereis a verdade" (João 8:31, 32, paráfrase).

Continuar na Palavra, obedecer — isso trará vida.

Conta-se a respeito de um menino em um dos campos missionários que memorizou todo o Sermão da Montanha. Ele fez isso em tempo recorde, e com tão pouco esforço, que alguém o chamou para saber como memorizara.

"Bem", disse ele, "eu decorava um verso e, então, confiava que Deus me ajudaria a colocá-lo em prática".

"Depois, eu decorava o verso seguinte e dizia: 'Senhor, ajude-me a viver este verso'."

Aquele menino disse que não demorou muito até que ele decorou todo o Sermão da Montanha dessa maneira. Acredito que ele tinha a verdade do seu lado. Ele não considerou a verdade uma coisa objetiva que pode ser conhecida colocando-a dentro da cabeça, mas como algo tanto objetivo quanto subjetivo. Então, ela se torna real para nós, dentro de nosso ser, pela obediência e pela fé.

Charles G. Finney ensinou que era errado, moralmente errado, ensinar doutrina objetiva sem uma aplicação moral.

Já fui a aulas bíblicas e escutei homens que eram versados na Palavra de Deus, e saí tão frio como um peixe em conserva. Não houve ajuda, nem elevação em meu espírito, nada para aquecer o interior do meu coração, porque aquilo me foi dado como uma proposição de

Euclides ou uma fórmula matemática. E a resposta é: "E daí? Vamos tomar um refrigerante!".

Estamos cientes de que podemos ter pessoas vindo domingo após domingo enquanto pregamos e ensinamos, enquanto lhes damos a verdade objetiva sem aplicação moral? Se é verdade, então devemos tirar uma conclusão. É verdade, e se é verdade, ela se dirige a mim — e se ela se dirige a mim, devo obedecer-lhe. Então você terá vida. Você conhecerá a verdade.

Ah, e há os outro benefício: "A verdade o libertará".

Como queremos ser livres!

Você conhece aquela passagem em Apocalipse que diz: "Àquele que nos ama, e em seu sangue nos lavou dos nossos pecados" (ARC). Você sabe que algumas traduções dizem "... nos libertou de nossos pecados" (ARA).

O que uma lavanderia faz com as nossas roupas? O contato com a civilização deixa nossas roupas sujas, engorduradas e oleosas. A sujeira não apenas está nas roupas, mas impregnada nelas. Você pode sacudir a vestimenta, discutir com ela, conversar com ela e ainda assim ela está suja, manchada. Leia Shakespeare para ela ou dê uma palestra sobre os avanços da civilização — mas ela continuará suja. Você pode agitar a bandeira e falar sobre nosso modo de vida americano — mas ela ainda estará suja. Deve ser "libertada".

Na lavanderia, eles colocam a roupa em uma solução que a liberta da sujeira. Em seguida, eles a enxáguam, passam a ferro e a devolvem — limpa, brilhante e engomada. Ela precisava entrar em alguma solução que pudesse purificá-la.

A única solução que nos libertará de nossos pecados, aqui sob o amplo céu azul do Deus todo-poderoso, é o sangue de Jesus Cristo. Ele me amou e me libertou dos meus pecados em seu próprio sangue. Pegue o pecador e o eduque, mas você apenas educará a sujeira que está nele. Refine-o — mas ela ainda estará lá. No entanto, quando o sangue de Jesus passa sobre uma pessoa, ela se torna livre. Você conhecerá a verdade. A verdade o levará à cruz, ao Cordeiro, ao sangue e à fonte, e você será liberto dos seus pecados. Precisa haver, porém, um compromisso moral. Se não houver, não há compreensão. Se não há compreensão, não há purificação.

Você está sendo um verdadeiro discípulo? Obedece à verdade como revelada pelo Espírito de Deus? Desfruta dos benefícios da verdadeira liberdade em Jesus Cristo?

Receio que alguns de nós não carregaram nenhuma cruz este ano. Quando morrermos, não teremos feridas no pescoço, nem cicatrizes no ombro por carregar a cruz. O verdadeiro discípulo segue seu Senhor e caminha com Ele.

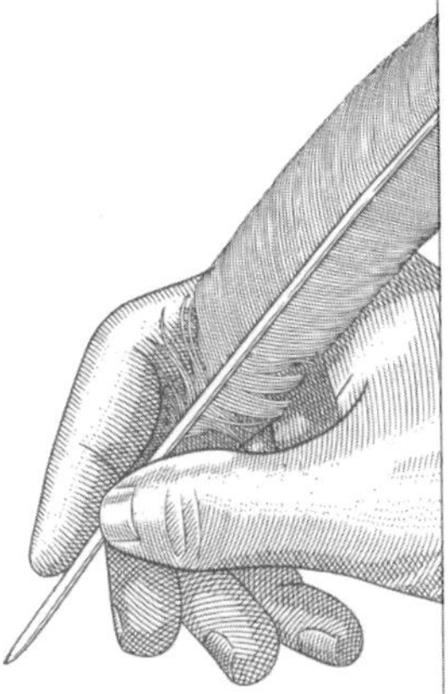

5

A consciência isola todo homem: *Por que os cristãos têm medo de escutar a consciência?*

Mas, ouvindo eles esta resposta e acusados pela própria consciência, foram-se retirando um por um, a começar pelos mais velhos até aos últimos, ficando só Jesus e a mulher no meio onde estava. Erguendo-se Jesus e não vendo a ninguém mais além da mulher, perguntou-lhe: Mulher, onde estão aqueles teus acusadores? Ninguém te condenou? Respondeu ela: Ninguém, Senhor! Então, lhe disse Jesus: Nem eu tampouco te condeno; vai e não peques mais.

João 8:9-11

Esboço

Introdução

Alguns na igreja cristã não têm certeza do que acreditam sobre a consciência humana. A Palavra de Deus nos lembra de que a consciência está sempre do lado de Deus, julgando a conduta à luz da lei moral, seja desculpando ou acusando. Para muitos, em nossos dias, a consciência é apenas uma piada. Parece quase inacreditável que tenhamos chegado ao ponto em que precisemos defender todo o conceito de consciência humana se quisermos falar dela com seriedade.

I. *As definições de consciência.*
   1. Sempre se refere ao certo e ao errado.
   2. Na Bíblia, significa uma percepção interior.
   3. A presença secreta de Cristo, a base da consciência.

II. *O exemplo bíblico da operação da consciência.*
   1. A condição hipócrita dos líderes religiosos judeus.
   2. A conspiração usando a mulher para desacreditar o ensinamento de Jesus.
   3. O ódio deles era por Jesus — não pelo pecado dela ou pela quebra da lei.

4. "Aquele que estiver sem pecado que atire a primeira pedra."
5. Os homens vão embora, envergonhados e calados, um a um.
6. Operação da consciência — fere a vida interior e nos isola, deixando-nos sozinhos.

III. *Exemplos do que as pessoas fazem com sua consciência.*
1. Desviam-se de uma boa consciência.
2. Alguns permitem que a consciência fique cauterizada.
3. Alguns vivem com a consciência contaminada.
4. As bênçãos da consciência "aspergida das más obras".

IV. *Conclusão: pode ser fatal silenciar a voz interior.*

É UMA CONCLUSÃO PRECIPITADA EM nossa geração que um ministro do evangelho terá dificuldade em aumentar sua popularidade no púlpito pressionando duramente o assunto da consciência humana.

O que está acontecendo conosco na igreja cristã — que não acreditamos mais na consciência humana? Acredito que Deus nos deu um testemunho fiel dentro de nosso próprio ser e que é capaz de destacar um homem e revelar sua solidão, a solidão de uma única alma no universo indo ao encontro de um Deus irado. Esse é o terror da consciência.

Por que a igreja deveria ter medo de admitir a consciência quando a Palavra de Deus tem muito a dizer sobre isso e nos lembra de que a consciência está sempre do lado de Deus? Ela julga a conduta à luz da lei moral e, como diz a Bíblia, desculpa ou acusa.

Não muito tempo atrás, preguei sobre a consciência em outro estado do meu país, e um irmão idoso me chamou de lado após a mensagem, e ele me disse que havia ficado muito preocupado comigo, na condição de ministro, por causa do meu sermão. Obviamente, ele não acreditava na consciência humana. Outro homem, que de certa forma é um "figurão" evangélico, também veio até mim, e com a mesma preocupação — a ideia de que se deve deixar de lado a consciência.

Agora, digo que o inferno fez isso por meio da propaganda, trazendo descrédito a muitas das verdades da vida, inclusive à consciência. Quando a consciência é mencionada agora em círculos eruditos, é citada apenas com um sorriso malicioso. E essa é uma maneira que o diabo tem de se livrar das coisas — fazer os humanos elaborarem piadas sobre elas. Faz parte do processo de corrupção da nossa mente, pois sempre que qualquer humor escolhe coisas sagradas como objeto, esse humor é diabólico.

A luz que ilumina todo homem que vem ao mundo não é brincadeira. Esse poder que Deus colocou no peito humano e que pode isolar uma alma e pendurá-la entre o céu e o inferno, tão solitária como se Deus tivesse criado apenas aquela única alma — isso não é brincadeira. Zombe dos políticos, se quiser zombar de alguma coisa — eles geralmente são engraçados, de qualquer maneira —, mas não graceje sobre Deus, e não brinque sobre consciência, morte, vida, cruz, oração. Estamos rapidamente nos tornando, em nossa época, o maior bando de piadistas sacrílegos do mundo.

Chegou ao ponto no qual devemos defender todo o conceito de consciência humana se quisermos falar seriamente a respeito disso. Isso parece quase inacreditável, mas é verdade.

Não posso ignorar o que a sabedoria universal da raça humana aprovou — a ideia de haver uma consciência no coração do homem. Não ignorarei o que o testemunho universal de todos os povos e de todas as épocas confirmou. Tampouco defenderei aquilo que a Bíblia toma como certo, na maioria dos lugares, e, em alguns casos, ensina claramente.

Se você examinar a concordância bíblica, descobrirá que se menciona a consciência em muitos trechos, e a ideia que a palavra "consciência" incorpora é mencionada ao longo de toda a Bíblia — não uma ou dez vezes —, mas está subjacente à estrutura e entremeada em toda a revelação.

Neste momento, quero explicar o que entendemos por "consciência", da melhor forma possível, e, depois, apontar para este exemplo bíblico, no qual me fundamento, antes de mostrar o que ela já fez e continua fazendo às pessoas.

Por consciência, queremos dizer aquilo que sempre se refere ao certo e ao errado. A consciência nunca lida com teorias.

A consciência sempre lida com o certo e o errado e com a relação do indivíduo com o que é certo ou errado.

A esse respeito, notamos um fato interessante. A consciência nunca lida com o plural, mas sempre com o singular. Há apenas um lugar em toda a Bíblia no qual se emprega a "consciência" no plural, e é quando Paulo escreveu aos cristãos dizendo que se recomendava às consciências deles. Em todos os outros lugares se refere ao singular, e, sempre, a consciência, na Bíblia, se refere ao que é certo e ao que é errado.

Portanto, ela é individual e exclusiva. Nunca permite plurais — exclui todas as outras pessoas e nunca consente que você se apoie em outros. A consciência o isola como se ninguém mais existisse.

Na Bíblia, a palavra "consciência" refere-se a uma visão moral — significa ver completamente; significa uma percepção interior; significa estar secretamente ciente. Essa é a definição psicológica para a consciência.

Contudo, há também uma base para a consciência, e é com isso que nos preocupamos aqui mais do que com uma definição psicológica. A base da consciência humana, creio eu, é a presença secreta de Cristo no mundo. Cristo está no mundo, e sua presença secreta é a base da consciência humana. Trata-se de uma percepção moral.

Um versículo que cito com muita frequência, porque é fundamental em minha teologia, é João 1:9: "A saber, a verdadeira luz, que, vinda ao mundo, ilumina a todo homem". Essa Luz que veio ao mundo e ilumina cada pessoa que vem ao mundo é a base da consciência moral. Independentemente de como ela opera, esse é o seu fundamento. É por isso que ela está aqui. Porque o Verbo vivo e eterno está secretamente presente no mundo, na sociedade humana, a humanidade tem uma consciência secreta dos valores morais.

Sei que há quem afirme que quando a Bíblia diz que estamos mortos em ofensas e pecados, isso quer dizer que estamos mortos em um sentido tão literal da palavra a ponto de não termos nenhuma consciência moral.

No entanto, acho que esse tipo de exegese é tão ruim e tão confusa que deveria ser rejeitada imediatamente. Ela, simplesmente, não tem lugar algum na Bíblia.

Não é verdade que, pelo fato de a Bíblia afirmar que estou morto em pecado, sou apenas uma massa morta — com quem ninguém pode falar, que não pode ser persuadida, que não pode sentir culpa, ser convencida, a quem ninguém pode apelar, amedrontar ou comover. Dizem que sou como um homem morto até que

Deus em sua soberana misericórdia me ressuscite dos mortos, dando-me um novo nascimento e me regenerando, e, então, estarei preparado para ouvir.

Isso é um equívoco, irmãos. Quando a Bíblia afirma estarmos mortos em ofensas e pecados, significa que estamos separados da vida de Deus, e isso é tudo o que significa. E isso, por si só, é algo tão grave que é impossível imaginar coisa pior. Esse mesmo homem separado da vida de Deus, e tão morto no pecado, tem dentro de si uma consciência moral, uma voz interior secreta sempre falando com ele — a Luz que ilumina toda pessoa que vem ao mundo. É uma voz singular no seio de cada ser humano, defendendo-o ou acusando-o, como Paulo explicou. É isso o que quero dizer quando falo de consciência.

No capítulo 8 do Evangelho de João, encontramos um exemplo bíblico da operação da consciência humana. Os judeus dos dias de Jesus eram moralistas muito rígidos, especialmente quando outros os observavam. Eles não eram rígidos quando podiam se safar de algo em particular. Eles encontraram uma pobre mulher miserável e não tiveram compaixão dela ou qualquer preocupação subjacente por ela, pela violação da lei ou pelo bem-estar espiritual de Israel.

Eles realmente tinham apenas uma coisa em mente — lidar com aquele Mestre religioso que os constrangia e silenciá-lo para sempre. Planejavam levá-lo a fazer uma declaração que pudessem usar contra Ele e, então, desmascará-lo. Pretendiam desmoralizá-lo, desacreditá-lo para sempre e expulsá-lo dali sem qualquer prestígio.

Esse era o negócio e a trama. A mulher era apenas um joguete, um fantoche, nada mais. Eles não a amavam como pessoa e não odiavam seu pecado. Era Jesus quem eles odiavam, e fariam qualquer coisa para pegá-lo.

Então, eles arrastaram a pobre e miserável mulher até Jesus, e lhe disseram: "Aqui está uma prostituta, apanhada em flagrante. Agora a lei de Moisés diz que devemos apedrejá-la até a morte. O que você diz?".

Se Ele proferisse: "Apedrejem-na", e eles o fizessem, os romanos colocariam Jesus na prisão e isso seria o fim dele. E se Ele declarasse: "Deixem-na ir", eles poderiam responder: "Sempre soubemos que você era contra a lei de Moisés", e isso seria o fim dele como mestre em Israel. Ele estaria completamente desacreditado perante a lei.

Devo admitir aqui que sempre tive um prazer pessoal, particular e altamente individualista na maneira como Jesus lidou com a abordagem deles. Ele conhecia todos aqueles homens — e conhecia a hipocrisia deles. Sabia que não tinham nenhum amor ou preocupação em relação à mulher. Jesus sabia que eles não tinham nenhuma preocupação genuína com a lei. Ele sabia que o odiavam e percebeu a armadilha que haviam preparado. Mais do que isso, conhecia a falsa piedade deles, seus filactérios, suas longas túnicas, seu olhar hipócrita, seu comportamento suspeito e, acima de tudo, sua pseudoespiritualidade e piedade artificial.

Então eles alegaram: "Supostamente, devemos apedrejá-la. O que você diz?".

Eu me pergunto se não pode ter havido traço de um brilho de conhecimento nos olhos de Jesus quando Ele olhou para aqueles adversários; então, Ele os desafiou individualmente e como grupo, dizendo: "Amigos, aquele entre vocês que nunca pecou atire a primeira pedra". Então, ignorando-os, abaixou-se e escreveu algo no chão com o dedo. Imediatamente, atingidos por aquela voz interior, fugiram. Um saiu envergonhado demais para dizer qualquer coisa ao homem ao lado, até que cada um escapuliu sozinho, porque está no poder da consciência isolar a alma humana, retirando-lhe todas as suas esperanças, ajuda e encorajamento.

Alguns daqueles velhos piedosos pensaram que, por serem idosos e já terem esquecido os seus pecados do passado, Deus já os havia esquecido também, mas assim que a voz de Jesus os despertou, eles se lembraram deles — e saíram de fininho. Foram embora, com medo de olhar para cima, talvez receosos de que Deus começasse a atirar pedras neles, pois sabiam que eram tão culpados quanto a mulher que trouxeram para o centro.

Aquela lei de Moisés que dizia "apedrejarás a mulher perversa..." foi feita para pessoas santas, não para os ímpios. Nunca significou que um pecador pudesse matar outro pecador. Nunca foi assim, e Jesus sabia disso. Por favor, perdoe a expressão, mas, irmão, quando aqueles velhos hipócritas correram para Jesus, foi como um gato correndo para uma máquina de cortar grama, de modo que cada um deles saiu lambendo as próprias feridas. Todos eles saíram envergonhados.

É assim que funciona esse negócio de consciência. Ela fere a vida interior, toca o coração, isola, deixa-nos sozinhos. Na minha opinião, é isso que colocará o inferno em julgamento — que cada um de nós deve ir sozinho —, sozinho no universo perante o tribunal de Deus. Isso é exatamente o que a consciência faz — ela destaca um indivíduo.

Portanto, Deus nos deu uma testemunha fiel dentro de nosso próprio ser. Eu acredito nisso. Então João relatou que, "acusados pela própria consciência, foram-se retirando um por um" (João 8:9). Conscientes, feridos por dentro, atingidos por um golpe do céu, eles saíram um por um e fugiram furtivamente. É isso que a consciência faz. É uma voz interior, aquela que fala dentro de você. É uma voz que todos escutamos. Algumas pessoas ainda desejam ter vivido nos dias de Jesus, para que pudessem escutar sua voz e ensinamentos. Esquecem-se de que milhares escutaram Jesus e ainda assim não faziam ideia do que Ele estava falando. Eles se esquecem de que alguns dos próprios discípulos tiveram de esperar pelo Espírito Santo, no Pentecostes, para entender o que Jesus havia falado.

Talvez você já tenha dito: "Ah, se eu pudesse ter ouvido Jesus falar". Oh não, meu irmão — você está muito melhor agora. Você tem a Luz que ilumina todo homem; você tem a voz da consciência interior.

Alguns lamentam nunca terem escutado a voz de Dwight Moody ou A. B. Simpson. Quero, porém, lembrá-lo de que, se pudéssemos ter o apóstolo Paulo em gravações, e se pudéssemos tê-lo aqui pregando, ele não poderia fazer mais por você do que o Espírito Santo pode fazer por meio da Bíblia e da consciência humana. Ouvimos uma voz mais verdadeira do que a de Simpson ou de Moody — ouvimos uma voz mais maravilhosa, a primeira e a última voz. Ouvimos a voz da Luz dentro do coração, a voz que os acusadores da mulher adúltera ouviram.

É pura hipocrisia dizer: "Se ao menos eu tivesse ouvido os maiores pregadores!". Congregações de cristãos meio salvos se sentam e não prestam atenção alguma à Luz que ilumina a todos, enquanto ignoram a voz que ecoa dentro deles. A igreja precisa escutar essa voz interior e fazer algo a respeito!

Oh, irmãos, não desejo menosprezar a memória dos grandes homens do ministério, apenas afirmo que eles não são a resposta às nossas necessidades. Não se esqueça de que Paulo teve seus hipócritas, Pedro teve seu Ananias e sua Safira, Jesus teve seu próprio Judas.

A história dos grandes pregadores e grandes evangelistas não tem sido uma história de cem por cento perfeita — sempre houve com eles aqueles que os ouviam, mas não sabiam o que eles estavam falando. Vocês estão ouvindo uma voz mais eloquente do que a minha, meus irmãos — vocês estão ouvindo esta noite uma voz que é mais séria do que a de qualquer pregador que vocês já escutaram.

Certa vez, juntei-me a um pequeno grupo que participava de um culto ao meio-dia em Nova York, e o ministro disse algo que nunca consegui esquecer.

Ele disse: "Presumimos que, se um homem escutou o evangelho, ele foi iluminado. Essa, porém, é uma suposição falsa. O simples fato de escutar um homem pregar a Bíblia não significa necessariamente que você foi iluminado".

Não, é a voz que ilumina, é o Espírito Santo, o ponto de contato. É o Espírito de Deus falando dentro de você. É isso que ilumina um homem e o torna responsável perante Deus. As palavras de um texto caindo em seu ouvido humano podem não significar nada — mas aquela voz interior significa tudo. Um homem só é iluminado quando essa voz interior começa a soar dentro dele, e essa voz é a voz da consciência, da convicção.

Observemos, agora, o que os homens fazem com sua consciência.

O apóstolo Paulo escreveu em 1Timóteo 1:5, 6 que "o intuito da presente admoestação visa ao amor, que procede de coração puro, e de consciência boa, e de fé sem hipocrisia. Desviando-se algumas pessoas destas coisas, perderam-se em loquacidade frívola".

Há uma ênfase aqui de que algumas pessoas têm uma boa consciência, enquanto outras se desviaram dela como um cavalo teimoso. Essas pessoas se desviaram, não deram ouvidos à boa consciência e, como resultado, sua religião tornou-se apenas uma loquacidade frívola. Esses são os cristãos que acham possível viver de maneira descuidada. Há, ainda, uma penalidade para a vida descuidada, quer saibamos disso ou não. Pense nessas vítimas que, agora, são vãs tagarelas — elas falam tão alto quanto antes sobre religião, mas é apenas tagarelice frívola, porque elas abandonaram uma boa consciência. Todos os sermões do mundo serão desperdiçados se não houver uma consciência boa e limpa. Pessoas assim não são capazes de receber a verdade e responder adequadamente a ela.

Também, em 1Timóteo 4:1-2, somos informados com franqueza sobre certos indivíduos que falam mentiras e agem com hipocrisia, porque sua consciência foi cauterizada como com ferro quente. Então, existe a consciência desviada, e aqui encontramos a referência à consciência cauterizada.

Agora, quero que vocês saibam, irmãos, que aqueles que têm a consciência cauterizada caem em falsas doutrinas. Perguntamo-nos como é que um homem criado na Palavra da verdade, de repente, pode se afastar dela para alguma religião falsa. Você pode dizer: "A mente dele ficou confusa". Não, vamos ser honestos sobre isso — a falsa doutrina não tem poder sobre uma boa consciência. Uma falsa doutrina cairá inofensivamente sobre uma boa consciência, mas quando uma consciência foi cauterizada, quando alguém brincou com fogo e queimou sua consciência, cauterizou-a e endureceu-a até que ele possa lidar com o ferro quente do pecado sem se assustar, então não há mais segurança para esse indivíduo. Ele pode entrar em cultos estranhos, em heresias, em qualquer uma das cinquenta variedades de falsa religião.

Estima-se que mais de cem mil budistas vivem atualmente somente no estado da Califórnia. E por que houve esse aumento agora? Acredito que isso se deve ao fato de que muitas pessoas tiveram sua consciência endurecida diante da pregação da verdade. Então, porque a consciência delas estava cauterizada, e elas não podiam mais ouvir a voz do Espírito, Deus permitiu que acreditassem em uma mentira para que se perdessem. Se há cem mil budistas na Califórnia, deve haver milhões ao se considerar os demais estados. Muitos deles são norte-americanos, não estrangeiros. Alguns, é claro, podem ser orientais, mas os swamis e iogues que vêm para este país convertem milhares ao budismo ou às suas falsas ideias.

Por que um homem que frequentou uma escola dominical, aprendeu os Dez Mandamentos, conheceu o Sermão da Montanha e pôde contar a história do nascimento, da crucificação e da ressurreição de Cristo se voltaria para Buda ou Maomé? A resposta é que ele ludibriou a voz interior e se recusou a escutar o som do pregador dentro dele. Deus se afastou dele e o deixou ir, e, com a consciência cauterizada, ele vagou para os braços de Buda ou de Maomé.

Ainda há outros, disse Paulo a Tito, que vivem com a consciência corrompida. Você encontrará isso em Tito 1:15-16. Esses são homens e mulheres cujo interior se corrompeu, e até mesmo a linguagem dele foi contaminada. Tenho tanto medo de pessoas com línguas sujas quanto das que têm uma doença transmissível, pois uma língua suja e imunda é uma evidência de uma doença mais profunda que silenciou a consciência. À medida que nossos filhos cresciam, sempre nos preocupávamos, como todos os pais, com as doenças e enfermidades da infância. Lembro-me de quando um dos meninos adoeceu. Temi que fosse escarlatina. Corri para a biblioteca e para a seção médica. Logo li que a escarlatina tem um sintoma invariável revelador — a língua de morango. Então voltei para casa e examinei a língua do menino e descobri que ela não era um "morango" — e o menino não tinha escarlatina, mas eu estava com medo. A língua de morango é a evidência da presença de um milhão de micro-organismos destrutivos dentro do corpo.

No entanto, quando encontro uma língua contaminada em uma cabeça humana, percebo um sintoma de outro tipo de doença. Não importa se ele acabou de pregar um sermão; não importa se ele orou por uma hora de joelhos — se ele pode virar a esquina até a farmácia e usar linguagem obscena nas conversas, tenho medo dele! Ele certamente tem uma doença — a consciência está corrompida.

Essas pessoas são réprobas, segundo a Bíblia. Tenho medo da palavra "réprobo" — um medo terrível. Um réprobo é alguém destruído, um naufrágio moral. É algo levado pela praia e batido pela areia, assado pelo sol e açoitado pelo vento até que ninguém mais o queira. Não serve para nada — um destroço, um réprobo, e tenho medo disso.

Que os homens pensem nisso como quiserem e expliquem como desejarem, mas Paulo disse: "Cuido da minha vida cristã para que, tendo pregado a outros, eu mesmo não seja reprovado" (1Coríntios 9:27). Sim, Paulo disse isso.

Agora, devo mencionar mais um ponto, e sou grato por ser a consciência aspergida. O escritor, em Hebreus 10:19-22, recomenda "um coração purificado de má consciência".

Oh, irmãos e irmãs, acho que não tenho o bom senso para isso, mas uma das coisas mais reconfortantes, enriquecedoras, saudáveis e maravilhosas do mundo é sentir o alívio repentino da carga quando o peso é removido e a consciência se torna livre.

Quando Deus dá liberdade à consciência laboriosa, o coração repentinamente se reconhece limpo e o fardo é removido até mesmo da mente. Vem o conhecimento de que o céu se satisfez, que Deus sorri e os pecados se foram. Esta, de fato, é uma das experiências mais maravilhosas do mundo — um coração purificado de má consciência.

A má consciência enferma, irada e queixosa permanece sobrecarregada e pesada em seu trabalho até que Deus a purifique e, de repente, ela fique limpa no sangue do Cordeiro. Até lá, você pode ir a um padre, e ele lhe dará a absolvição, mas ele apenas a colocou sob um pequeno trapo religioso. Se você quiser se acertar com Deus, todos os seus pecados virão à tona — novamente.

Um indivíduo me disse que confessou seus pecados muitas vezes e havia recebido a absolvição, mas antes que ele pudesse se converter, Deus teve de perdoá-los todos novamente. No entanto, quando eles forem realmente purificados e perdoados, vocês saberão, meus irmãos. Há uma voz interior acusando ou desculpando. E depois que a voz disser "Paz!" e você tiver a resposta de uma boa consciência, como em 1Pedro 3:20, você poderá se levantar e saber que tudo está bem. Então, ninguém no mundo poderá desanimá-lo. Esse é o tipo de conversão na qual acredito — esse é o tipo de perdão em que acredito, uma transação que ocorre dentro do espírito humano.

E é por isso que sempre protestei contra "arrancar os pintinhos da casca do ovo antes da hora" com um texto bíblico. Eles se sentam com um texto da Bíblia e bisbilhotam até conseguir um pequeno bico para fora, então o puxam para fora da casca, secam-no e escrevem seu nome como um convertido. No entanto, você encontrará aquelas pobres galinhazinhas cambaleantes que ficam piando fraquinho; alguém as arrancou do ovo e, se você as colocar todas juntas, elas não terão vida suficiente para botar nem se quer um ovo do tamanho de uma bola de gude.

Elas foram arrancadas da casca. Por outro lado, quando o Espírito Santo transforma um homem, e ele realmente nasce de novo, ele salta saudável para o mundo, fazendo um barulho alto. Seus pecados foram perdoados e o fardo foi removido.

Agora, encerro dizendo apenas que pode ser fatal silenciar a voz interior, a voz da consciência humana. Alguns a silenciam, por exemplo, quando aquela voz se manifesta em protesto indignado contra o hábito humano de mentir. Ela pode estar suplicando com eloquência contra o hábito da desonestidade, ou nos repreendendo por nosso ciúme ou algum outro pecado. É sempre perigoso resistir à consciência, não dar atenção a essa voz interior. Portanto, desejo que o Senhor fale ao espírito interior de vocês, ao mais íntimo de seu ser. Aqui em nossa congregação existe uma consciência, aquela estranha consciência que não pode se apoiar em ninguém, que não pode dividir a culpa com ninguém, aquela consciência que nos destaca, e nos isola e diz: "Tu és o homem!" (2Samuel 12:7). É a voz que nos faz baixar a cabeça e desejar escapar sorrateiramente, um de cada vez.

Ela está aqui, e sou grato por isso. Veja, se não houvesse nada assim aqui ou no mundo, todos nós nos tornaríamos bestas em muito pouco tempo. Todos nós nos degeneraríamos moralmente, e, no inferno, onde essa voz não está, e onde a consciência não existe mais, está escrito: "Aquele que está imundo, suje-se ainda mais" (Apocalipse 22:11, paráfrase). Esse é o Espírito Santo falando com você, aquele pregador interior que não discursa para uma multidão, mas apenas para um indivíduo.

Estou feliz por Ele estar aqui!

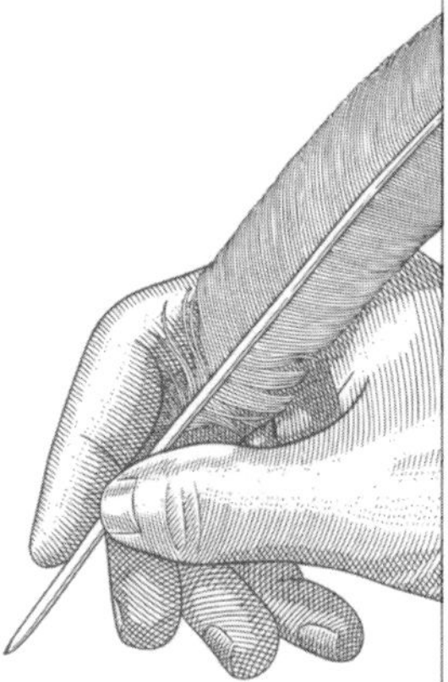

6

“Vós sois do diabo, que é vosso pai!”: *Jesus não se preocupou com sua imagem de relações públicas*

Vós sois do diabo, que é vosso pai, e quereis satisfazer-lhe os desejos. Ele foi homicida desde o princípio e jamais se firmou na verdade, porque nele não há verdade. Quando ele profere mentira, fala do que lhe é próprio, porque é mentiroso e pai da mentira. Mas, porque eu digo a verdade, não me credes.

João 8:44-45

Esboço

Introdução

Havia a realidade e a hostilidade da guerra neste encontro de Jesus com um grupo de seus inimigos declarados. Eles não mais fingiam — eles se mostravam pelo que realmente eram por dentro. Vida e morte, céu e inferno se refletiam na força das palavras que estavam sendo trocadas.

I. *Por que Jesus tinha de falar com tanta severidade?*
   1. A natureza séria da incredulidade deles.
   2. Ele estava prestes a morrer por todos os homens, incluindo eles.
   3. Ele não podia comprometer a VERDADE.
   4. Ele não poderia deixar uma zona cinzenta — Ele traçou uma linha nítida.

II. *Pretensão hipócrita de seus inimigos.*
   1. Eles eram fraudes morais.
   2. Achavam que sua profissão era hermética.
   3. Pensavam que a estrutura da religião era a verdade.

4. Resistiram à Luz de Deus em suas almas.

III. *Como Jesus lidou com as atitudes deles.*

1. Se você é de Deus, escuta as palavras de Deus.
2. Porque rejeita as palavras de Deus, você não é de Deus.

IV. *Jesus disse: o que um homem é importa mais do que o que ele faz.*

1. Somos treinados para não mostrar o que somos em nosso íntimo.
2. As pessoas se comportam em grande parte por reflexo condicionado.
3. Quando alguém age espontaneamente — esse é quem ele verdadeiramente é.

V. *Esforços da sociedade para mudar a natureza humana.*

1. Pela educação.
2. Por domesticação.
3. Instituindo leis.
4. A ideia é impedir que alguém expresse quem realmente é em seu íntimo.

VI. *Jesus explica o que é o pensar com consentimento.*

1. Ele lidou com a culpa humana.

2. Pense no ato com consentimento e você já o terá praticado.
3. Todo indivíduo é a soma do que ele secretamente admira.
4. Um indivíduo é, na verdade, aquilo que ele faria livremente se tivesse a chance.

VII. *Existe alguma esperança de mudar a natureza de um homem?*

1. Jesus Cristo oferece o remédio.
2. Ele oferece mais do que os primeiros passos do cristianismo.
3. Ele oferece uma transformação completa com novos instintos, apetites, desejos.
4. O testemunho: "Mudei! Eu sou diferente".
5. A realidade: "Eu sei que sou um filho de Deus".

VIVEMOS EM UMA ÉPOCA EM que é muito difícil encontrar uma pessoa genuinamente sincera. A maioria das pessoas se sente tão envolvida com o tipo de sociedade na qual vivemos, que precisa sempre estar fingindo, sempre apresentando "uma fachada".

Portanto, eles nunca são eles mesmos até ficarem bravos, e, quando ficam muito bravos, começam a agir naturalmente. Eles revelam quem são. Acho lamentável e bastante triste que a única vez em que você possa encontrar um norte-americano que não seja um "falso" é quando ele fica bravo.

No contexto de nossa lição bíblica, em João 8, não havia fingimento entre as partes, não havia nada que estivesse apenas sendo encenado para efeito dramático, e o encontro entre Jesus e seus inimigos declarados não tinha nada a ver com faz de conta e entretenimento.

Quando Jesus disse aos homens a quem confrontava: "Quem é de Deus ouve as palavras de Deus; por isso, não me dais ouvidos, porque não sois de Deus" (João 8:47), a atmosfera era a do campo de batalha. Ao lermos essa parte, quase podemos ouvir o barulho da artilharia, a hostilidade, a animosidade e a amargura. Escutamos as palavras calmas, mas firmes, seguras e severas de Jesus, e ouvimos os ataques irados, veementes e insultuosos dos inimigos. Aqueles homens estavam irados, eles tinham se revelado, haviam desistido de fingir. Eles estavam agindo naturalmente, agora, mostrando quem eram por dentro.

Aquilo não era uma demonstração teatral. Era uma batalha real, e embates reais nunca acontecem nos teatros. Aquilo era guerra, e por trás dela havia forças invisíveis. Havia espíritos sombrios e sinistros animando aqueles que haviam cometido o pecado imperdoável, opondo-se ao Espírito Santo de Deus que respondia pela boca de Jesus. Todos estavam sendo mortiferamente sinceros — eram espíritos em conflito. A vida e a morte estavam em cena — e o destino e a eternidade. O céu e o inferno estavam ali — refletidos na força das palavras trocadas entre Jesus Cristo e aqueles homens perversos.

Na verdade, o que nosso Senhor tinha a lhes dizer era santo e vinha de um coração igualmente santo. Vinha de um coração que, mais tarde, morreria pelas próprias pessoas com quem estava falando. Contudo, por causa da natureza séria da incredulidade deles, nosso Senhor teve que empalá-los e expô-los. Figurativamente, Ele os colocou na ponta de sua lança, virou-os e deixou que todas as eras os vissem, expondo-os aos olhos dos censores críticos.

Sempre haverá alguns argumentando que Jesus deveria ter feito concessões, que deveria ter tentado "se dar bem" com todos. Nós, humanos, devemos notar algo muito maravilhoso e muito diferente sobre o Senhor Jesus — Ele era genuinamente o que era e nunca foi outra coisa senão o que era.

Presumimos que Ele poderia ter "se dado bem" com essas pessoas melhor do que o fez se quisesse. Ele poderia não esfregar sal nas feridas, mas o fez. Ele não perdeu a paciência, mas nunca recuou e jamais disse algo que precisasse retirar depois.

Você notará que nosso Senhor nunca teve de se desculpar, pois Ele sempre afirmou exatamente o que queria dizer e sempre com a quantidade exata de repreensão, amor ou compaixão. Se fosse o seu ministério fazê-lo, Ele poderia transigir e se sair melhor, mas Ele traçou a linha nitidamente ao alegar: "Quem não é por mim é contra mim".

Ele não deixou nenhuma área aberta como uma zona cinzenta, pois no reino de Deus não haverá trevas e no inferno não haverá luz. Jesus traçou a linha nítida entre a escuridão do inferno e a luz do céu — Ele não tentou misturá-los em uma conciliadora zona cinzenta.

Em nossos dias, as igrejas tentam oferecer tal mistura em uma conciliação entre o céu e o inferno. Alguns pastores acham que essa é a maneira de se dar bem com as pessoas e melhorar as relações públicas da igreja.

Honestamente, nosso Senhor teria sido reprovado em qualquer teste de relações públicas. Ele não teria recebido sequer a nota mínima. Ele teria reprovado em tudo porque lidava completamente com a verdade, e a verdade é apenas a verdade — nunca precisa se preocupar com a imagem. A verdade nunca se preocupa com o efeito que terá, sobre quem a odiará ou quem a aceitará, ou o que há a perder e o que há a ganhar.

Nosso Senhor era a Verdade encarnada, e isso explica todo o conflito, toda a animosidade. Talvez Ele pudesse recuar e dizer a mesma coisa de maneira gentil e neutra, de modo que não houvesse linha traçada. Ao fazer isso, Ele agradaria àqueles que gostariam de ver o céu e o inferno se unirem, descendo a rua em comunhão, dizendo: "Se não podemos concordar, não discordaremos". Acho que é diferente quando nos preocupamos apenas com opiniões, coisas que não são espirituais e questões que não são morais. Se for apenas uma questão de gosto ou opinião, o correto é dizer: "Se não concordamos, não discordemos!".

No entanto, quando se trata de uma questão de convicção espiritual, o homem que se desculpa é um covarde. No caso de Jesus e seus inimigos, eles não lidavam com gosto, etiqueta, charme ou arte. Eles estavam lidando com questões eternas e espirituais, então Jesus enfatizou isso e lhes disse claramente: "Vós tendes por pai o diabo".

Ele disse: "Vocês não conhecem a Deus".

Ele lhes disse: "Se Abraão fosse seu pai, vocês agiriam como Abraão".

Ele pegou cada palavra que disseram, deu a volta por cima e, com firmeza e calma, empalou-os. Ele enfiou a lança direto através deles, ergueu-os e os virou para a posteridade ver. Alguns ainda perguntam: "Por que Jesus fez isso?".

Bem, essas pessoas com quem Ele falou eram fraudes morais. Superficialmente, sua profissão religiosa era hermética. Provavelmente nunca houve nenhum grupo em qualquer lugar que tivesse uma profissão religiosa tão fechada. Olhe para eles — Abraão era o pai deles. Eles poderiam traçar as genealogias até Abraão, Isaque e Jacó. Podiam ir ao templo com orgulho — podiam rastrear a árvore genealógica até sua origem. Tito destruiu as tábuas genealógicas que significavam tanto para os judeus ao tomar Jerusalém, mas até aquele momento essas pessoas podiam verificar as tribos e os ancestrais. Eles sabiam exatamente a que família pertenciam.

Então, é claro, eles tinham o templo, o lugar santo e o rolo da lei. Eles tinham os servos sacerdotais cuidadosamente interligados e todos sabiam que eram de Deus. Eles sabiam disso — eram capazes de prová-lo. A profissão de fé deles era hermética.

Agora, porém, a Luz de Deus brilha sobre eles. Essa Luz, que ilumina a todos, agora expõe suas cuidadosas pretensões, sua profissão de fé, seus pais, suas sinagogas, suas reivindicações e suas alianças.

Franca e simplesmente, Jesus os enfrentou com três proposições. Qualquer um que já tenha estudado lógica básica as reconhecerá — premissa maior, premissa menor e conclusão.

Jesus lhes disse: "Quem é de Deus ouve as palavras de Deus" (João 8:47). Então Ele os lembrou: "Vocês estão rejeitando as palavras de Deus".

Isso deixou apenas uma conclusão: "Portanto, não sois de Deus".

A premissa maior estava estabelecida, porque eles teriam de concordar com Ele que "quem é Deus escuta as palavras de Deus".

Então, eles foram confrontados com a realidade de que, na verdade, estavam rejeitando as palavras de Deus. Isso não é apenas uma lógica correta — é um teste preciso para qualquer homem ou mulher no que diz respeito a serem ou não de Deus.

Eles estão dispostos a ouvir a Palavra de Deus?

Ressalto que escutar a Palavra de Deus, no sentido bíblico do termo, raramente ou nunca significa ouvi-la no sentido de ouvir um concerto. Milhares de pessoas ouvem boa música regularmente, mas nós apenas ouvimos, apenas escutamos, não é? Aquilo não tem qualquer efeito moral sobre nós. Gostamos de ouvir boa música — mas a audição não nos deixa nem melhores nem piores.

Portanto, não é isso o que a Bíblia quer dizer. Escutar a Palavra de Deus significa ouvi-la com simpatia, atenção e obediência. Aquele que é de Deus ouve a Palavra de Deus com simpatia, devoção e submissão. Ele faz o que a Palavra de Deus lhe ordena fazer. Se não o faz, certamente ele não é de Deus. Se os homens a quem Jesus falou tão severamente estivessem certos, se realmente fossem de Deus, escutariam, fariam o certo e guardariam a verdade. Eles, porém, não o fizeram.

Isso torna mais fácil para nós estabelecer e considerar um axioma aqui, ou seja, que nós, humanos, "fazemos o que somos". É uma afirmação que não pode ser refutada.

Em outras palavras, se um homem se deixar levar, desistindo de todas as pretensões externas, e viver apenas dos desejos internos, quem ele realmente é aparecerá. Basicamente, o que somos se revela pelo que fazemos, e o que fazemos revela o que de fato somos.

É uma verdade clara e, de fato, foi realmente isso que nosso Senhor quis dizer. Devemos sempre nos lembrar de que o que um homem é importa mais do que o que ele faz. O que ele faz é apenas um sintoma revelando quem ele é. Aquilo que um homem faz por desejo é o que o homem realmente é. Aquilo que um homem faz por medo revelará quem ele é. O que quer que um homem faça por ódio mostrará a você o que ele é por dentro. O que ele faz por ciúme, apetite ou fraqueza? Isso lhe mostrará quem ele é.

Consideremos a questão do temperamento do homem.

Eles sempre encontram um novo estratagema para esconder e cobrir aquele temperamento demoníaco. Você nunca leu em nenhum lugar que um homem ou uma mulher perdeu a paciência. É mais provável que seja: "Ele ficou chateado" ou "Ela ficou contrariada", mas geralmente significa: "Ele perdeu a paciência — e ficou bravo".

É difícil para mim pensar em qualquer homem mais tolo do que aquele que sai do controle e perde a paciência.

Algumas das senhoras culpam os nervos, mas, na maioria das vezes, trata-se de uma condição espiritual do coração, e não um problema dos nervos.

Agora, quando você se assenta, sorri e concorda com a cabeça quando eu prego — esse não é realmente você. É mais provável que seja um reflexo condicionado.

Quando você tem um acesso de raiva — esse é realmente você. Aquilo que você faz que vem do seu interior, do seu apetite, das explosões da sua natureza, esse é você.

Essas naturezas humanas explodiam ao redor de Jesus como bombas. Jesus lhes disse: "Todas essas explosões de ódio e malícia apenas provam quem vocês são. Se vocês fossem de Deus, não estariam fazendo isso. Estariam ouvindo e praticando a palavra de Deus. No entanto, vocês estão apenas fazendo o que vocês são — e o que vocês estão fazendo prova quem vocês são".

Neste ponto, temos de perguntar: "Se isso tem sido verdade ao longo dos anos, não tem havido tentativas de mudar a natureza e a sociedade humanas?".

Sim, a sociedade humana tem tentado muitas coisas nos esforços para mudar e fazer algo melhor com a natureza humana.

Tentamos fazer isso, por exemplo, pela educação.

Por favor, não saiam falando que eu não creio na educação, pois eu creio. Contudo, o que quero dizer é que a educação só pode domesticar o animal selvagem. Não pode fornecer uma nova natureza para um homem errado. Ela pode domesticá-lo. Pode condicionar seus reflexos para que se comporte de acordo com um padrão pré-determinado.

É assim que eles treinam uma foca para atuar, você sabe. Treine-a para fazer um certo truque com um peixe como recompensa, e logo ela associará a palavra de comando a esse truque e o peixe que receberá como recompensa. É assim que domesticamos os animais. Até o boi conhece seu dono, mas ele não volta para casa à noite porque ama seu dono.

Ele retorna a casa por associar sua cocheira à comida.

O touro lá no curral é um animal domesticado, mas, de vez em quando, fica furioso. Inesperadamente, algo o deixará furioso, e ele explodirá, abaixará a cabeça, soltará um grunhido e um urro. Se você tiver o azar de estar no campo, pode ter de subir em uma árvore ou pular uma cerca à prova de touro para evitar que um chifre comprido atravesse suas costas.

Bem, o que aconteceu? Aquele touro simplesmente se levantou em sua raiva e jogou fora séculos de domesticação. Ele era realmente o mesmo velho animal selvagem, mas ele havia sido educado — isso é tudo.

Ao superar aquele surto, o touro envergonhou-se de si mesmo e humildemente seguiu o fazendeiro de volta ao curral. O fazendeiro, porém, não sabe quando o animal fará aquilo novamente, pois está lidando com um touro — domesticado por causa de um longo processo de condicionamento. Isso é tudo o que acontece ao se educar um homem. Recentemente, lemos sobre um homem com dez anos de faculdade, pós-graduação e formação profissional. No entanto, um dia ele explodiu e perdeu a paciência, e a justiça anunciou que ele matou a esposa.

Isso está acontecendo em todos os lugares. Nunca pense que são apenas os pobres, os incultos e os desprivilegiados que cometem crimes e assassinatos — isso ocorre em todos os níveis superiores. É preciso mais do que educação para mudar a natureza humana de um homem. A educação pode trazer certas restrições e algum grau de controle, mas apenas deixe um homem agir livremente, seguindo seus próprios impulsos, e você descobrirá quem ele é.

A sociedade tem outra maneira de tentar mudar as pessoas, e é por meio da lei. Também sou a favor da lei, assim como sou da educação.

Considere, por exemplo, o traço da avareza. Avareza significa coceira nas mãos, amor ao dinheiro, e está presente na maioria das pessoas. Se um homem é avarento, nada tirará isso dele. Não há água purificadora no Ganges ou em qualquer outro rio que lave sua inclinação avarenta e gananciosa. Nem todo o sabão do mundo e escova de limpeza poderão tirar esse defeito de um homem.

Os legisladores sabem que, se um homem avarento for solto na sociedade, ele invadirá casas, roubará e assaltará. Então eles aprovaram muitas leis, transformando a avareza em furto. Na verdade, eles estão dizendo: "Se você expressar essa avareza, isso é furto".

Então o homem se contém o melhor que pode, porque foi condicionado pela sociedade a não expressar a avareza que está dentro dele. Frequentemente, nem mesmo suspeitamos dele, porque ele foi colocado sob as restrições da lei. No entanto, a avareza continua lá. Ele ainda é um homem avarento e tem a avareza no coração. Ele a esconde e a reprime, porque assim que se manifesta, ela muda de aspecto. Torna-se furto, e a lei o colocará na cadeia.

Podemos também tomar como exemplo o ódio, que se encontra no peito humano. Na verdade, não há lei contra o ódio enquanto ele permanece dentro de alguém, pois você nunca poderia provar a acusação. Não adiantaria nada para os legisladores aprovarem uma lei permitindo um homem ser preso e multado por odiar o outro. O réu poderia estar tão cheio de ódio quanto o próprio diabo, mas ele poderia se levantar, sorrir e o júri o absolveria e diria "Inocente!".

Não é possível aprovar uma lei capaz de eliminar o ódio do coração de alguém. Então, o que pode ser feito? Os legisladores podem elaborar leis que impeçam a manifestação do ódio.

Caso o ódio seja expresso, ele se concretiza em forma de crimes, como assaltos, agressões, homicídios culposos e assassinatos. Declaramos que, se um indivíduo tirar a vida de outro, ele será punido. Essas medidas existem para impedir que o ódio dentro dele saia. Usamos a educação e nossas leis para conter um pouco as paixões, mas os velhos e antigos ardores de Adão ainda estão lá na natureza humana.

Jesus dizia aos seus inimigos: "Vejam aquela fumaça — as velhas paixões do pecado ainda queimam por lá. Vocês são como focas adestradas, mas têm ódio em seu coração. Vocês têm avareza, furto, assassinato e são como o diabo. Vocês carregam o homicídio em seu coração e querem me matar".

Eles responderam: "Você tem um demônio. Quem quer matar você?"

Jesus acrescentou: "Vocês querem me matar — não há dúvida sobre isso", e provou que estava certo, porque logo o mataram.

Ele lhes disse: "Vocês farão exatamente o que são se forem livres para fazer o que quiserem. A lei os coloca sob alguma restrição. O costume os coloca sob algum controle — isso é educação. Mas o que vocês fazem prova quem são".

Lide bastante com a raça humana e descobrirá que somos a soma de nossos pensamentos consentidos. Nosso Senhor Jesus Cristo nos dá uma ilustração disso. Ele não foi apenas um professor e teólogo — foi um grande filósofo. Ele sabia por que as coisas eram verdadeiras.

Jesus fez mais do que simplesmente citar cinquenta versículos, todos declarando a mesma coisa, como fazem os expositores bíblicos. Quando citava um versículo, Ele dizia por que era assim. Esse é o único tipo de ensino bíblico válido, na minha opinião.

Bem, Jesus disse àqueles homens: "Agora, deixe-me ilustrar".

"Qualquer que olhar para uma mulher com intenção impura, no coração, já adulterou com ela", Ele lhes disse.

"Pensamento consentido", Ele falou, "é isso. Se você pensar no ato com consentimento, você o praticou e, se o praticou, você fez o que você é".

Com essas palavras, Jesus explicou o incidente da mulher apanhada em adultério.

Quando Ele disse "Aquele que dentre vós estiver sem pecado atire a primeira pedra", cada um daqueles homens olhou para dentro de si e se lembrou dos próprios pensamentos consentidos. Cada um deu uma olhada na própria culpa e, um por um, esgueiraram-se.

Eles bem sabiam que não havia ninguém entre eles digno de atirar uma pedra naquela mulher. De acordo com a lei de Moisés, ela deveria morrer se todos fossem homens santos, mas não havia ninguém ali que ousasse pegar uma pedra, e Jesus sabia disso. Todos eles se retiraram, com os rostos rubros e envergonhados.

Essa é uma ilustração sobre o pensamento consentido e sobre o fato de que todo homem é, realmente, aquilo que secretamente admira.

Se eu puder saber o que você admira, saberei o que você é, pois todo homem é aquilo em que pensa quando está livre para pensar o que quiser.

É fato que, em certas ocasiões, somos forçados a pensar em coisas que preferíamos evitar. Todos nós temos de pensar em imposto de renda, mas não é algo que admiramos, nem algo que queiramos fazer. A lei nos obriga a pensar nisso todos os anos no início de março.

Você vai me encontrar preocupado com essa questão — mas esse não será o meu verdadeiro "eu". Na verdade, quem está preocupado com isso é o "homem do fisco", que diz: "Você não pode mais deixar isso passar". Garanto, porém, que isso não ocorre de forma consentida.

Se você puder descobrir o que penso quando estou livre para imaginar sobre o que quiser, encontrará o meu verdadeiro "eu". Isso é verdade para cada um de nós.

Seu batismo, sua confirmação, seu nome no rol da igreja e a grande Bíblia que você carrega não são as coisas que importam para Deus.

Você pode treinar um chimpanzé para carregar uma Bíblia. Todo homem é a soma do que secretamente admira, do que pensa e do que mais gostaria de fazer se fosse livre para realizar o que desejasse.

Que tal muitos empresários trabalhando duro em suas ocupações? Pense naquele que sonha secretamente em fazer outra coisa, mas as circunstâncias o obrigam a permanecer naquela atividade. Sua esposa tem algo a dizer sobre isso. Ele está nesse trabalho, mas realmente dentro de si sonhando com o que executaria se fosse livre para fazê-lo.

Não há dúvida de que muitos homens foram adestrados como animais domésticos. Muitos maridos aprenderam a dizer: "Sim, querida. Sim, querida", mas quando a esposa não está lá, você deveria escutar o que ele diz para o peixinho dourado. Às vezes, ele anda pela rua cheio de ira, cheio de ódio, mas esconde isso em casa, porque foi treinado pela sua esposa.

No entanto, a mansidão e a obediência não são realmente você, meu amigo. Você é o que realmente pensa quando está sozinho. Como você se sente interiormente sobre as coisas — esse é você. Ah, sim, um indivíduo é, na verdade, tudo aquilo que seus pensamentos, instintos e impulsos são. O que ele faz por medo, apetite, luxúria, amor ou desejo — esse é quem ele é.

Assim, a educação e a lei não são suficientes para transformar a natureza humana. Muitas pessoas gritaram em desespero: "Não há nenhuma esperança — não há nenhuma maneira de se tornar outra coisa? Não há como mudar a natureza humana para melhor?".

Alguns de vocês que estão escutando isso estão raciocinando e considerando em seu íntimo. Alguns de vocês talvez estejam prontos a admitir: "Sr. Tozer, o senhor está partindo meu coração. Sei que essas coisas são verdadeiras. Admito a lógica de tudo isso e sei que não posso ficar limpo diante de Deus. Sei o que fiz, sei o que penso, sei das coisas que mais admiro — e tudo indica que não sou bom. Eu lhe pergunto, Sr. Tozer, existe uma maneira de me tornar algo diferente do que sou? O homem com ódio em seu coração está condenado a ir para o inferno, para onde o ódio deve ir?".

Sim, graças a Deus, há esperança e outro caminho, pois Jesus Cristo oferece ajuda. Sua Palavra nos diz que podemos obter um novo conjunto de instintos, desejos e apetites.

A ajuda que Ele promete não se baseia no condicionamento religioso. O Senhor Jesus não fala de psicologia religiosa aplicada — Ele realmente promete uma transformação completa da natureza humana. Ele oferece algo inteiramente novo ao espírito humano, de modo que, quando fizermos o que queremos, desejaremos fazer a coisa certa. A bendi,ta verdade é esta: a pessoa que quer fazer a coisa certa e o faz porque quer, é uma boa pessoa.

Existe uma maneira de transformar um alguém mau em um alguém bom? Essa pessoa má deve mergulhar na noite, clamando: "Eu não sou de Deus. Eu não guardo a Palavra de Deus. Não há esperança para mim"?

Ela sabe que está perdida, mas deve sair furtivamente como Judas e assumir o seu perfil de maldade?

O Salvador, Jesus Cristo, oferece o remédio. Ele diz que há esperança para o avarento. Deus pode tirar dele a avareza e torná-lo generoso ao extremo. Ele diz que há esperança para o indivíduo de temperamento explosivo.

Deus pode expulsar o diabo desse temperamento e voltá-lo para uma direção santa.

Há esperança para você, ciumento! Deus pode tirar esse ciúme de sua natureza e dar a você um zelo pelo Deus Altíssimo. Deus pode dar a você um novo conjunto de instintos, de desejos morais, e lhe conceder uma inclinação moral, para que você faça o certo porque é certo. Isso é o que a Palavra de Deus diz. Isso é o que o evangelho promete. Esse é o chamado de Jesus Cristo para aqueles prontos para segui-lo e ser seus verdadeiros discípulos.

Muitas vezes, reduzimos o convite do evangelho a algo assim: "Coloque uma moeda na máquina caça-níqueis, puxe a alavanca para baixo, pegue o prêmio e siga seu caminho. Você crê nele? Então pegue este folheto, siga o seu caminho e tudo ficará bem".

Esse pode ser o começo do cristianismo, irmão. Pode ser o início. É um começo e é alguma coisa, mas certamente não é a essência do evangelho.

O que a Bíblia diz sobre o verdadeiro cristianismo? Diz que, se você aceitar a Cristo, segui-lo e fizer o que deve a respeito de Cristo, seu Salvador, deixando-o fazer o que Ele quer com você, Ele certamente removerá a amargura de você e colocará o amor dele. Tirará a avareza e colocará a generosidade. Tirará o ódio e colocará a paz em seu lugar. Isso é o que o cristianismo ensina e promete.

Aqueles inimigos de Jesus, em sua época, estavam perfeitamente seguros de que estavam certos, porque acreditavam nas coisas certas.

Eles poderiam se unir a algumas de nossas igrejas fundamentalistas que perguntam "Você crê na Bíblia?" e "Você crê na inspiração?". Eles seriam aceitos nessas igrejas por afirmarem acreditar nas coisas certas e parecerem estar relativamente certos e limpos — mas havia ódio em seu coração.

Assim, somos o que fazemos, e, se o que fazemos prova que estamos errados, então, ou entramos em desespero ou buscamos a ajuda de que precisamos. Felizmente, ninguém tem que cair em desespero, pois há ajuda. Jesus Cristo veio para ajudar. Ele veio para mudar nossa natureza. Ele veio para acabar com velhos hábitos de pecado. Ele veio para quebrá-los e vencê-los.

Agora, uma palavra final para aqueles de vocês que podem dizer: "Aceitei a Cristo. Creio no evangelho. Creio que sou justificado pela fé. Creio que tenho paz com Deus por meio de Jesus Cristo, meu Senhor".

Vocês podem dizer todas essas coisas, mas já pararam para pensar que tudo isso é contabilidade? É apenas contabilidade religiosa.

Eu digo: "Creio que estou justificado. Nada pode me separar de Deus".

Isso é contabilidade, irmão. Como sabe que isso se aplica a você? Já houve alguma mudança em sua vida, em seus desejos, em seus instintos?

Você pode reivindicar tudo isso, mas se não estiver agindo certo, vivendo certo, sendo certo, pensando certo e querendo o certo, você não está certo.

Houve alguma mudança? Existe uma grande diferença desde que você veio a Cristo? Você tem essa nova natureza, de modo que é uma nova pessoa, um indivíduo diferente do que era antes? Caso isso esteja acontecendo, você tem feito mais do que manter livros de contabilidade religiosa, dizendo que acredita nas coisas certas.

Acredito que glorificaríamos a Deus realizando uma reunião de testemunhos aqui e agora. Alguns de vocês devem nos contar sobre a mudança em sua vida, vocês que são homens e mulheres renovados, com algo diferente em seu interior, suas mentes operando de forma limpa e saudável, sem mais seguirem os velhos caminhos.

Não deixe Satanás apanhá-lo na armadilha do silêncio — ele não quer que você conte sobre a transformação de sua natureza. Glorifiquemos a Deus agora, enquanto você testemunha: "Meu encontro com Jesus Cristo fez isso por mim. Sei que mudei. Sei que sou diferente. Sei que sou um filho de Deus".

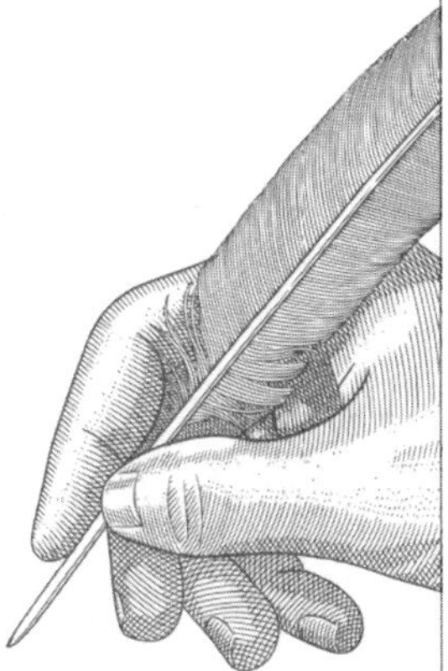

7

Prosélitos apenas fazem mais prosélitos: *Os anjos devem chorar por nosso testemunho ineficaz*

Deus é espírito; e importa que os seus adoradores o adorem em espírito e em verdade. Eu sei, respondeu a mulher, que há de vir o Messias, chamado Cristo; quando Ele vier, nos anunciará todas as coisas. Disse-lhe Jesus: Eu o sou, eu que falo contigo

JOÃO 4:24-26

Esboço

Introdução

Muito do nosso testemunho cristão é ineficaz hoje, porque não nos rendemos completamente a Cristo. Os anjos devem chorar lágrimas salgadas ao ver um prosélito que nunca realmente conheceu o Senhor produzindo outro prosélito que também nunca o conhecerá. A mulher samaritana teve um testemunho espontâneo e contagiante depois de seu encontro com Cristo.

I. *Jesus revela sua messianidade a uma ouvinte improvável.*
   1. Uma repreensão eterna à justiça humana própria.
   2. Jesus viu o potencial da mulher — não o passado dela.

II. *Por que Jesus se revelou a essa mulher?*
   1. Sua necessidade consciente.
   2. Sua total franqueza e seu caloroso entusiasmo.
   3. Jesus muitas vezes aceita aqueles que condenamos.

III. *Sua resposta fervorosa.*
   1. Ela ficou comovida — o emocionalismo e as afeições religiosas.

2. Seu testemunho foi espontâneo, não "programado".
3. Um reavivamento que pode ser "planejado" não é um reavivamento.

IV. *Os resultados contagiantes.*

1. Outros aceitaram o testemunho dela.
2. Eles vieram ao encontro de Jesus.
3. Eles também foram tocados — e acreditaram.

V. *Verdade para nossos dias: Cristo ainda recebe grandes pecadores.*

1. Homens e mulheres devem manter o "lado superior de sua alma" aberto à luz de Deus.
2. Uma "colisão" com o próprio coração de Deus é necessária.

VAMOS CONSIDERAR O QUE SIGNIFICA ser uma testemunha cristã eficaz e eficiente ao examinarmos o encontro de nosso Senhor com a mulher samaritana no poço de Jacó.

Vou começar afirmando que há muito testemunho cristão ineficaz entre nós hoje. Tenho certeza de que grande parte desses testemunhos é bem-intencionada, honesta e sincera. Fazemos o melhor que podemos com o que temos para trabalhar, mas nosso desempenho acaba sendo mais ou menos como o de um vendedor de canetas-tinteiro.

Tentamos defender nosso produto, mas no fundo do coração daqueles com quem lidamos parece haver um conhecimento profundo de que nem nós mesmos estamos convencidos disso. Não somos convincentes porque não fomos convencidos. Somos ineficazes porque ainda não nos rendemos inteiramente ao Senhor da glória. É como o prosélito produzindo prosélitos.

Não gosto de confessar que, em sua maioria, os cristãos parecem ser um povo muito triste. Eles não são do tipo feliz que deveriam ser, e é por isso que seu testemunho é vacilante e ineficaz. O brilho desapareceu dos olhos e do semblante da maioria dos cristãos, e o testemunho já não é mais radiante nem contagiante.

Talvez isso ocorra porque estamos tentando planejar como tudo deveria acontecer. Lemos um livrinho sobre "como fazer o serviço cristão", e tentamos fazer da maneira que fomos ensinados a fazer, mas se torna superficial e sem qualquer elemento contagiante.

Parece-me que, se os anjos podem chorar, devem chorar lágrimas salgadas ao verem um prosélito que nunca conheceu verdadeiramente o Senhor produzir outro prosélito que também nunca o conhecerá.

A mulher samaritana encontrou nosso Senhor no poço, e o relato do evangelho sobre o que aconteceu dentro de sua alma e sobre o testemunho espontâneo e contagiante que se seguiu é rico em lições espirituais para cada um de nós.

É interessante acompanhar, no relato bíblico, como Jesus envolveu rapidamente a mulher em uma conversa sobre adoração e como ela lhe contou sua crença de que, quando o Messias viesse, Ele lhe revelaria tudo.

Jesus disse: "Eu o sou, Eu que falo contigo".

Ela havia saído de Samaria com o cântaro na cabeça e havia se envolvido em uma conversa com o homem mais estranho que já conhecera — um judeu que havia lhe pedido água! — e, agora, estava correndo de volta para a cidade, deixando o cântaro para trás, para espalhar a notícia: "Venham, vejam um homem que me disse tudo o que eu já fiz. Não é este o Cristo?".

Vamos examinar esse encontro no poço para descobrir por que nosso Senhor escolheu revelar o grande e santo segredo de sua messianidade a uma mulher samaritana. Por que Ele estava disposto a revelar muito mais sobre si mesmo, neste contexto, do que em outros encontros durante seu ministério terreno?

Ele falou sobre o significado de sua pessoa, sua vida e seu ministério para uma mulher, e uma mulher que não tinha sido uma boa pessoa.

Por que isso?

Havia muitos sacerdotes em Jerusalém, com todas as credenciais apropriadas que datavam da própria ordem de Arão. Havia muitos escribas, homens designados para ensinar e transcrever as cópias das escrituras. Havia advogados versados na lei mosaica. Havia religiosos aos montes, pois Israel era uma nação muito religiosa.

Se você e eu estivéssemos fazendo isso, nunca teríamos escolhido aquela mulher, que tinha uma sombra pairando sobre sua vida, para ser o receptáculo de um santo segredo, de uma revelação divina que estava acima de qualquer outra que já havia sido dada e de qualquer outra que ainda seria dada antes da ressurreição de Cristo.

Não conheço todas as razões do Salvador naquele dia no poço. Só sei que a revelação de si mesmo à mulher samaritana constituiu uma repreensão eterna à justiça própria do ser humano. Só sei que toda irmã presunçosa que anda pela rua com orgulho e posição social deveria ter vergonha de si mesma. Só sei que todo homem cheio de justiça própria, que olha para o espelho todas as manhãs para barbear o que ele que acredita ser um rosto honesto, deveria ter vergonha de si mesmo.

Só sei que sacerdotes em suas ordens, rabis em seus devidos lugares, escribas em suas mesas e mestres da lei em seu trabalho foram preteridos, e aquela mulher recebeu o santo segredo. Era o segredo da messianidade do Mestre, o segredo da natureza de Deus e o segredo da verdadeira natureza da adoração divina. Jesus foi capaz de ver um potencial na mulher, junto ao poço, que nunca poderíamos perceber. Que coisa graciosa para nós o fato de que Jesus Cristo nunca pensa em quem fomos — Ele sempre pensa em quem seremos!

Somos escravos do tempo, do espaço, da cronologia, dos registros, da reputação, da publicidade e do passado — tudo o que chamamos de histórico de caso.

Jesus Cristo não se importa absolutamente nada com o seu histórico de caso moral. Ele perdoa e começa a partir daí como se você tivesse nascido há um minuto.

A mulher com quem Jesus conversou tinha um estilo de vida que a levou a ter familiaridade com os homens de Samaria — muito mais do que com as mulheres. No entanto, nosso Senhor não a envergonhou nem a condenou.

Os cristãos têm a reputação de fazer parte do grupo de pessoas que mais condenam. O curioso é que, muitas vezes, eles condenam aqueles que o Senhor recebe de braços abertos e recebem aqueles que o Senhor condena. É assim que malandros carnais frequentemente são aceitos como membros de nossas igrejas.

Esse é o perigo de prosélitos produzirem mais prosélitos. Precisamos lembrar que é possível ter algum tipo de experiência religiosa externa que torna a pessoa imune ao novo nascimento e a coloca na posição de quem nunca nascerá de novo, porque ela pensa que já nasceu de novo.

Como o prosélito nunca teve essa experiência, ele não requer que o outro prosélito a tenha. Portanto, é possível que igrejas inteiras se estabeleçam com sua membresia composta apenas por prosélitos, ecos de ecos e reflexos de reflexos — nunca a verdadeira luz brilhando!

Deveria ser um exercício proveitoso pensar em algumas das razões para a revelação que Jesus fez para aquela mulher junto ao poço. Havia uma série de coisas que a mulher tinha a seu favor.

Uma delas era sua necessidade consciente.

Há certas coisas que nem sempre seguem um padrão –não são sempre as mesmas e carecem de uniformidade. No entanto, nesta área, sempre há uniformidade: toda pessoa que recebe algo de Deus precisa ter uma necessidade consciente, um senso consciente e vital de carência.

Aquela mulher tinha. Ela não contestou o que Jesus disse, pois estava em grande necessidade e foi completamente franca sobre isso. Sem dúvida, ela já havia escutado muitas discussões religiosas em Samaria e tinha prática em evitá-las. Ela fez o que pôde para se desviar do assunto enquanto os olhos bondosos do Senhor atingiam sua consciência e a faziam sentir-se culpada. E quando ela viu que não adiantava, rendeu-se e foi totalmente franca sobre sua vida e seus problemas.

Sua franqueza, humildade e entusiasmo cativaram o Senhor Jesus Cristo enquanto discutiam a necessidade humana e a verdadeira adoração de Deus por intermédio do Espírito Santo.

Jesus foi atraído pelo caloroso entusiasmo, franqueza e autoconsciente necessidade dela. Então, Ele se revelou, abriu seu próprio ser para ela, contando-lhe o segredo que Ele não havia contado a mais ninguém e que transmitiu a muitos poucos nos dias que se seguiram.

Quando ela falou sobre o Messias e sua vinda e Jesus disse "Eu o sou", a revelação alcançou a própria alma dela. A luz de Deus penetrou as sombras do passado e ali, dentro dela, começou a brilhar. Ela foi elevada em seu ser — de modo que foi compelida a correr e contar a todos.

Jesus aceitou a situação, porque aceitou a samaritana. Não consigo ver um conselho de igreja, em lugar nenhum, que aceitaria essa situação. Acho que as senhoras, em suas sociedades de ajuda, teriam levantado as sobrancelhas e manifestado um tom de reprovação.

Contudo, nosso Senhor aceitou a situação porque sempre começa como se não houvesse passado. Eis que Ele faz novas todas as coisas.

Também podemos nos beneficiar ao observar o fervor e a validade da resposta dela.

Não nego que aquela mulher ainda tinha um longo caminho a percorrer em sua experiência e desenvolvimento espiritual. No entanto, Jesus indicou a disposição de Deus em usar o testemunho ingênuo, sincero e franco, ainda que ele seja imperfeito e limitado.

A mulher tinha este fato gracioso a seu favor: ela tivera um encontro válido com aquele se chamava o Messias. Seu coração havia colidido com a revelação da pessoa e da vontade de Deus em Cristo, e o resultado foi uma reviravolta emocional em sua própria vida e vontade.

Confesso que não sei o que fazer com esses cristãos e professores que têm tanto medo da palavra "emoção". Hoje em dia, dizemos que uma pessoa é muito emotiva quando na verdade queremos afirmar que ela é neurótica, não tem autocontrole, chora por nada, ri por nada, fica triste por nada, alegra-se por nada. Aquela pessoa simplesmente possui um transtorno mental. Pegamos a palavra "emotivo" e a aplicamos a isso.

No entanto, eu discordo. Isso não é emoção, é um transtorno mental, e esse indivíduo precisa de oração e tratamento especializado.

Quando uso a palavra "emoção" aqui, refiro-me ao sentimento interior de uma pessoa, e não tenho medo nem vergonha de usar essa palavra dessa forma. Eu realmente prefiro a expressão usada com frequência por Jonathan Edwards — ele se referia às nossas "afeições religiosas". Parece que estou tão ocupado que não consigo fazer tudo o que penso, mas me pergunto por que alguém não ressuscita essa expressão para os nossos dias — "afeições religiosas". Jonathan Edwards poderia mostrar a alguns desses cristãos frios, rígidos e apáticos dos dias atuais que as "afeições religiosas" e as emoções espirituais dos dias modernos são a mesma coisa. Há muitos de nós que dão valor apenas aos textos e à teologia e temem a emoção. Então, a mulher samaritana passou por uma colisão.

Seu coração entrou em contato vital com o coração de Cristo, e o resultado foi uma experiência espiritual da qual ela jamais se esqueceria. Ela havia sentido um golpe de Deus, e não é de admirar que tenha saído de lá sem o cântaro.

Provavelmente ela não sabia por quê, mas ela estava eufórica para contar as boas-novas que chegaram até ela por meio do Messias. Realmente não era bem uma história naquela época — o Senhor sabia disso, mas ela não. Aquilo tinha o brilho de uma revelação.

Observe isso também sobre a sinceridade de sua história e de suas ações — elas não eram imitativas, formais, planejadas e, o melhor de tudo, não eram programadas.

Eu realmente detesto a palavra "programado" tanto quanto detesto o diabo. Agora temos de anunciar que o culto de adoração é "programado" para ter um mínimo de pregação e um máximo de entretenimento.

Meu ponto é este: se a mulher samaritana pudesse ter sido "programada", nunca haveria qualquer avivamento em Samaria, irmão! Eles não programaram aquela mulher comum — eles não podiam. Ela tinha muito brilho na alma.

Ela não foi envolvida em nada formal — apenas correu o mais rápido que pôde. Ninguém planejou o testemunho dela, e graças a Deus por isso.

Às vezes, fomos encorajados a nos reunir com um grupo para "planejar um reavivamento". É tão possível se reunir para planejar a queda de um raio quanto planejar um reavivamento. Ninguém jamais fez isso, e ninguém jamais vai poder "planejar" ou "programar" um verdadeiro reavivamento.

O Senhor Deus todo-poderoso cria um mundo — e ninguém o "planeja". Quando Ele ressuscita os mortos, ninguém planeja isso.

Deixe-me lhe dizer isto: quando Ele ressuscita os mortos, isso nunca vem como o quinto item do "programa". Disso você pode ter certeza!

Em nossas igrejas, nós nos programamos muito bem para a morte e apatia. Pense naquela mulher pequenina correndo para testemunhar, com as boas-novas transbordando de sua alma. Se alguém a tivesse detido, agarrando-a pela roupa enquanto ela corria, e tivesse dito: "Irmã, estamos felizes em ver a nova luz em seu rosto e gostaríamos de tê-la em terceiro lugar no programa", ela teria morrido junto com aqueles escribas, e samaritanos e todo o resto.

Contudo, ela continuou animada, ansiosa para compartilhar a nova revelação que alcançou o seu coração, para contar a todos que havia encontrado e conhecido o Mestre, aquele que havia tudo que ela já havia feito e experimentado.

Isso foi um exagero, claro! Vocês sabem, irmãos, que quando a gente fica tão cheio de algo, começa a falar sobre aquilo, muitas vezes o coração fica maior que a boca e resultado disso é o exagero. Acho que hoje em dia chamamos isso de "hipérbole" — essa é a palavra erudita para se referir ao exagero.

No entanto, algo deve ser dito sobre ela: ela era contagiante, não precisava fazer conversos. As pessoas eram contagiadas por ela.

Você já pensou nos resultados que ela produziu com seu testemunho de tirar o fôlego?

As pessoas de Samaria escutaram sua história e começaram a procurar o homem de quem ela comentara.

Suponho que houvesse alguma curiosidade envolvida, e talvez um elemento do espírito de aventura religiosa, mas certamente isso não era tudo. Os samaritanos, movidos pela mulher, saíram, encontraram Jesus e o levaram para a cidade. Eles o ouviram, viram-no, ficaram convencidos, creram nele e testificaram, dizendo: "Já agora não é pelo que disseste que nós cremos; mas porque nós mesmos temos ouvido e sabemos que este é verdadeiramente o Salvador do mundo" (João 4:42).

O que havia começado nas sombras agora estava à clara luz do Sol, e o testemunho da mulher cuja vida real apenas começara levou essas pessoas a Deus.

Eles descobriram a verdade de que não se pode confiar no testemunho de outra pessoa. É tão impossível tentar engordar com o que outra pessoa come quanto tentar chegar ao céu com a experiência religiosa de outra pessoa.

Um testemunho em si mesmo não converte. O testemunho da mulher samaritana apenas serviu para levar as pessoas a Cristo, mas quando elas creram nele, disseram: "Agora sabemos por nós mesmos; não precisamos do seu testemunho".

Se eles, porém, não tivessem realmente chegado à fé em Cristo, eles poderiam começar a Primeira Igreja dos Samaritanos lá na cidade, com base no testemunho dela, e sem jamais terem encontrado o Senhor por si mesmos.

Portanto, essa é a glória do testemunho cristão — ele pode servir para estimular homens e mulheres a irem na direção daquele a quem o testemunho se refere.

Um testemunho cristão não é uma experiência espiritual de uma terceira pessoa. O testemunho em si nunca salvou ninguém. Um testemunho cristão é uma confissão honesta do que o Senhor fez por nós, e isso pode levar outros a ir e fazer o mesmo — encontrar o mesmo Senhor e sua salvação.

Devo confessar que nunca fui abençoado por um culto de testemunhos planejados em toda a minha vida. Tivemos muitas organizações musicais cristãs dando concertos e recitais aqui e, de repente, alguém diz: "Agora daremos nosso testemunho". Todo mundo já foi avisado de antemão sobre quem deve falar e o que deve dizer. Então, todos eles se levantam e testemunham, e eu sento lá tão frio quanto uma pedra de gelo. Simplesmente não consigo encontrar nada dentro de mim que responda a esse tipo de testemunho.

Deixe-me contar sobre o tipo de testemunho que realmente me comove. Em uma noite de domingo, por volta das 23h30, meu telefone tocou. Uma voz amigável, alegre e animada do outro lado da linha disse: "Sr. Tozer, tive de ligar para você e contar uma coisa que não podia esperar até de manhã. Eu nasci de novo esta noite. Você sabe, eu estive em sua igreja com minha esposa, que é cristã. Ela orou por mim, embora eu pensasse que era um homem convertido, só me converti hoje à noite. Depois do culto, passei por uma experiência espiritual e agora sei que nasci de novo".

Eu o conhecia como um sujeito quieto e não sabia que ele podia ficar tão animado. Aquele homem estava falando como um evangelista. Ele se mudou daqui agora, mas ainda está vivendo sua vida cristã e louvando ao Senhor. Ele tinha um testemunho. Ele podia dizer o que o Senhor havia feito por Ele. Ele teve um encontro com Deus e se dispôs a admitir que toda a experiência religiosa anterior havia sido apenas preliminar. Agora, aquele homem sabia e podia dizer à esposa: "Mary, agora eu sei por mim mesmo".

No entanto, o testemunho começará morto e terminará ainda pior se você tentar planejar a expressão espiritual de alguém, programar sua felicidade ou incorporar sua visão. Algumas pessoas tentariam incorporar a glória de Deus e tirar documentos corporativos sobre a graça divina. Quão baixo podemos chegar?

Tiremos algumas conclusões desse relato e o apliquemos aos nossos dias.

Primeiro, Cristo ainda recebe pecadores — mesmo os grandes pecadores. Não importa qual seja a reputação deles, Jesus os recebe se vierem a Ele.

Nos dias de Jesus, eles diziam com escárnio: "Este homem recebe pecadores". Eles estavam certos — e Ele viveu, morreu e ressuscitou para provar isso e para provar seu direito de justificar a todos os que vêm a Ele com fé.

Um dos antigos filósofos devocionais alemães tomou a posição, anos atrás, de que Deus gosta mais de perdoar os pecados grandes do que os pequenos, porque, quanto maior o pecado, mais glória é atribuída ao Deus que perdoa. Lembro que o escritor continuou dizendo que Deus não apenas perdoa grandes pecados e gosta de fazê-lo, mas assim que os perdoa, Ele os esquece e confia em você como se você nunca tivesse pecado.

Quando li isso pela primeira vez quase atravessei o teto, porque acreditei em meu coração — que

Deus não apenas perdoa grandes pecados tão rapidamente quanto os pequenos, mas, uma vez perdoados, recomeça ali mesmo e nunca menciona o assunto novamente.

Temos de estar cientes do fato de que o perdão do ser humano ao ser humano nem sempre é como o de Deus. Quando alguém comete um erro e tem de ser perdoado, a sombra pode pairar sobre ele, porque é difícil para os outros esquecerem o erro dele.

Contudo, quando Deus perdoa, Ele começa a nova página ali mesmo; e quando o diabo corre e diz: "E o passado dele?", Deus responde: "Que passado? Não há passado. Começamos do zero quando ele veio até mim e foi perdoado".

Agora, acho que esse tipo de perdão, justificação, aceitação e comunhão com Deus depende da disposição do ser humano de manter o lado superior da alma aberto a Deus e à luz do céu.

Você pode se perguntar sobre uma expressão como "o lado superior da alma", mas acho que está de acordo com o ensino bíblico e certamente de acordo com toda a experiência cristã. Em algumas pessoas, esse lado da alma está aberto a Deus; em outras, não.

Correndo o risco de provocar alguma controvérsia sobre as implicações da eleição ou predestinação, gostaria de lhe dirigir as respostas de dois homens diferentes no Antigo Testamento.

Jacó era um sujeito desonesto. Seu próprio nome significava "suplantador". Ele não era um homem agradável, e seria bom manter a carteira fechada quando ele estivesse por perto. Não o classificaríamos no natural como sendo um homem totalmente confiável. No entanto, por alguma razão, ele manteve o lado superior da alma aberto; havia uma pequena janela ali aberta para Deus.

Havia muito a ser dito em favor do caráter de Esaú, seu irmão. Todo mundo admitirá isso ao ler o relato bíblico. Ele era menos obstinado, mais franco e extrovertido, mais compassivo — pois chorou por seu irmão, quando deveria tê-lo matado. Em todos os sentidos, Esaú era de uma natureza mais refinada.

Em Esaú, porém, não havia acesso pelo lado superior da alma — nenhuma janela aberta ali. Foi Jacó, o tortuoso, que encontrou Deus e se tornou Israel, porque o lado superior da alma estava aberto para Deus.

Assim foi com a mulher de Samaria. Ela não tinha vivido uma existência muito boa. Mas havia um lugar vulnerável em sua alma, uma janela voltada para Deus que estava aberta e através da qual a luz de Deus brilhou.

Devemos saber disso também. Uma nova vida tem de nascer dentro de nós, e essa nova vida não nascerá até que haja um encontro com Cristo. Uma colisão real — o pecador foi enfrentado e derrotado em sua própria vontade, sua própria vida foi reduzida ao pó. Ele sempre se lembrará daquele encontro, enquanto prossegue, feliz, em sua fé. Sua alma e o coração de Deus se encontraram em violento conflito por um momento, mas Deus venceu, e, então, o coração do homem se rendeu e ele disse: "Seja feita a tua vontade".

A salvação chega à alma — e essa é a nossa necessidade do dia. Esse tipo de encontro espiritual, esse tipo de encontro da alma com Deus, vem como o frescor de um nascimento, o brilho de um amanhecer, com a clareza de uma revelação.

Oh, não sejamos culpados de assumir uma religião de segunda mão, de sermos "programados" em nossa religião!

Fomos ensinados a aceitar o que as pessoas nos dizem, portanto, não avançamos para conhecer a Deus por nós mesmos. Uma pessoa que foi arrancada da casca do ovo, que tem de ser guiada por versículos sublinhados em vermelho e azul, que tem de ser incitada, empurrada e psicologizada para entrar no reino de Deus, na verdade, ela nunca entra nele. Deve haver uma revelação para o coração. Deve haver um encontro com Cristo. Deve haver aquele envolvimento súbito da alma com Jesus Cristo, o Senhor.

Se tivéssemos nossos padrões mais altos, se realmente pregássemos a verdade do arrependimento genuíno, se elevássemos os níveis cristãos — isso soa como religião radical?

Bem, deveria ser algo normal, algo comum. O Senhor nos disse que deve haver poder em nossa vida e, também, a presença, a revelação e o conhecimento de que cremos em Jesus Cristo, o Filho de Deus. Isso não é radical; é o oposto — a letargia, a falta de poder, a incerteza — que é anormal.

Agradeço a Deus por muitos de vocês que se levantaram comigo agora e disseram: "Sim, eu o encontrei e o conheço. Nós tivemos esse encontro. Ele venceu e eu perdi, mas eu venci, porque estou salvo. Minha velha vontade caiu e minha velha ousadia e agressividade caíram. Jesus Cristo entrou, assumiu e agora eu não vivo mais, mas Ele vive em mim". Vamos a Cristo com simplicidade, franqueza, fome e necessidade consciente. Venha como você está, sem necessidade de apelos, e o Senhor Jesus o receberá e o perdoará. Graças a Deus que você pode sair esta noite, dizendo: "Há anos escuto isso, mas agora sei por mim mesmo que Jesus é o Cristo, o Filho do Deus vivo, o Salvador do mundo".

8

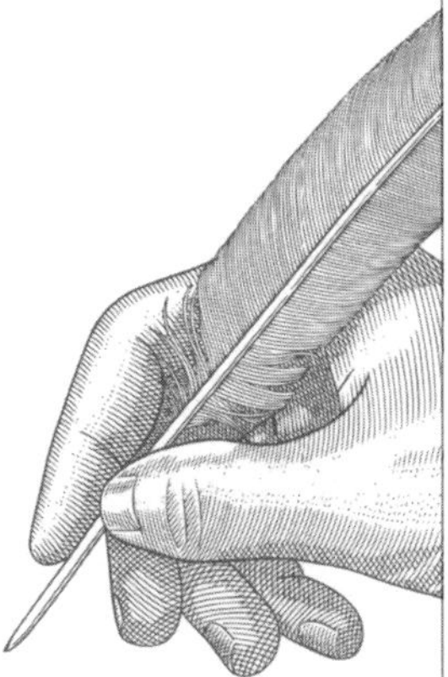

O mundo é um deserto moral: *Tecnologia e degeneração chegaram em trilhos paralelos*

Este foi o testemunho de João, quando os judeus lhe enviaram de Jerusalém sacerdotes e levitas para lhe perguntarem: Quem és tu? Ele confessou e não negou; confessou: Eu não sou o Cristo. Então, lhe perguntaram: Quem és, pois? És tu Elias? Ele disse: Não sou. És tu o profeta? Respondeu: Não. Disseram-lhe, pois: Declara-nos quem és, para que demos resposta àqueles que nos enviaram; que dizes a respeito de ti mesmo? Então, ele respondeu: Eu sou a voz do que clama no deserto: Endireitai o caminho do Senhor, como disse o profeta Isaías.

João 1:19-23

Esboço

Introdução

Os mensageiros dos líderes religiosos de Israel perguntaram a João Batista: "Se não é o Cristo, nem Elias, nem o profeta, quem é você?".

Devemos destacar quão facilmente esses guardiões da teologia e da ortodoxia esgotaram a lista de pessoas esperadas. E quanto aos nossos professores de profecias bíblicas — dizemos: "Esta é a palavra final"?

A mensagem se desenvolve do texto: "Eu sou a voz do que clama no deserto".

I. *De qual deserto João falou?*
1. Havia o deserto literal em que ele se criou.
2. Havia também um deserto, ou seja, a condição moral de Israel.
3. João continua a falar, abordando diretamente assuntos morais e espirituais.

II. *As características angustiantes de um deserto.*
1. Desordem e confusão.
2. Devastação e esterilidade.
3. A aparente falta de propósito.

4. A qualidade de vida selvagem e não domesticada.

III. *As pessoas estão ficando melhores em nosso "deserto" de hoje em dia?*

1. O grande avanço da ciência e da civilização.
2. As grandes esperanças colocadas no conhecimento e no intelecto.
3. A tecnologia moderna não nos tornou melhores.

IV. *Existe significado na ascensão paralela da tecnologia e das más ações?*

1. O sonho dos fabricantes de brinquedos — as grandes invenções e descobertas.
2. O fato assustador — o mau estado dos assuntos morais e humanos.
3. Ambos foram nutridos nas mesmas áreas civilizadas e avançadas.

V. *As características do deserto em outras áreas que não a política e a social.*

1. A degradação das mulheres no século 20.
2. A atitude cínica das massas com respeito ao erro e ao mal.
3. Mesmo a igreja cristã renunciou a muitos padrões.

VI. *A devastação e esterilidade em nossa vida cristã hoje.*
1. O que temos para mostrar ao Senhor pelo nosso serviço?
2. Alguém dirá sobre você: "Graças a Deus por sua vida e seu serviço"?

PEÇO QUE OUÇAM O HOMEM enviado por Deus cujo nome era João, pois o que ele disse sobre si mesmo e sobre Jesus Cristo é de importância vital e duradoura.

Se afirmamos ser estudantes das escrituras proféticas, devemos observar como João Batista respondeu àqueles que vieram verificar seu testemunho fazendo comparação com sua listinha de pessoas esperadas na ordem das coisas estabelecidas por Deus.

Eles disseram a João: "Se você não é o Cristo, nem Elias, nem aquele outro profeta que está por vir, esgotou a nossa lista. Não temos nenhuma reserva para você — onde se encaixa?".

João então lhes disse claramente: "Fui predito em suas próprias Escrituras, mas vocês extraviaram a minha ficha. Vocês não me localizaram direito e, por isso, não me reconheceram".

Não quero desviar a atenção do fluxo principal do que tenho a dizer, mas devo parar para fazer estas perguntas sobre nosso próprio ensino cuidadoso da profecia bíblica: gostaria de saber quantas fichas perdemos.

Até que ponto nos desviamos do plano de Deus? Quantos eventos podem ocorrer para os quais não temos nenhuma reserva e para os quais não houve lugar em nosso pensamento e em nossas orações?

A resposta de João às perguntas esgotou completamente a lista que eles tinham de pessoas esperadas. Eles poderiam ter anotado tudo isso em um gráfico e ter desenhado com giz de cera a figura dessas três pessoas esperadas, e então, abaixando a voz para um tom solene, proclamar que aquela era a última palavra de Deus sobre o assunto. Parece bastante claro que João não fazia rodeios ao lidar com esses mestres. Ele disse: "Fui claramente predito nas Escrituras. Isaías predisse, e vocês ignoraram o que ele disse. Não me encaixo nos planos de vocês, porque vocês querem que as coisas sejam do seu jeito".

"Vocês querem que venha um profeta dramático", continuou ele. "Vocês querem que venha Elias, em fogo. E, claro, vocês querem que venha o Cristo, o rei de Israel. Vocês, porém, não deram lugar, em suas expectativas, para alguém que venha perturbá-los moralmente."

"Vocês querem as coisas do seu jeito. Querem que Deus se conforme ao seu padrão religioso. Estão perfeitamente dispostos a seguir junto com Deus, contanto que Ele seja bonzinho e se conforme ao padrão de vocês. Levou séculos para o padrão ser elaborado, e vocês têm uma longa tradição para apoiá-lo, e não apreciariam se Deus perturbasse seu padrão, destruísse sua tradição ou fizesse algo que não está na agenda de vocês."

Lembrem-se de que, quando João veio pregar no deserto, atraiu muitos seguidores, porque não tinha havido nenhum profeta com a palavra de Deus em Israel por quatrocentos anos. O que havia era apenas esses mestres sem qualquer inspiração. Não tinha havido nenhuma voz estranha, nenhuma inspiração, apenas a transmissão das doutrinas da Palavra por meio de mestres, os quais se atinham a contar o que os profetas tinham visto e ouvido. Eles eram os guardiões da teologia e, embora declarassem fielmente o que outros tinham ouvido de Deus, eles mesmos não tinham visto nem ouvido nada.

Essa geração de mestres ficou perturbada com a chegada de João. Como guardiões da ortodoxia, perturbaram-se com o aparecimento de um homem que não se encaixava no padrão deles. Quando mandaram perguntar se ele era um dos esperados, descobrimos muito facilmente a extensão do contexto escatológico deles.

Se é que algo tão triste quanto isso pode ser engraçado, é quase engraçado considerar a rapidez com que os guardiões da verdade profética esgotaram sua lista de pessoas esperadas.

Eles disseram: "Você é o Cristo?"; e a resposta de João foi rápida e direta: "Não!".

Disseram: "Bem, então você é Elias?"; e novamente ele disse: "Eu não sou".

Então perguntaram: "Então você é o profeta?"; e a resposta de João novamente foi: "Não!".

Os mestres daquela época haviam se reunido e chegado a um acordo, e haviam escrito livros sob a influência dos guardiões da ortodoxia, de que haveria uma terceira pessoa que viria, um profeta tão notável que poderia ser chamado de "o profeta".

Assim, vemos a perplexidade deles. João Batista estava recebendo muita atenção. No entanto, é uma figura que confessa não ser o Cristo, nem o profeta Elias, nem aquele outro profeta.

Foi por isso que disseram a João que ele não se encaixava, que não tinham um lugar reservado para sua vinda.

E foi por isso que João desafiou as tradições, e os padrões e o desejo que tinham de que o *status quo* continuasse perpetuamente.

"Vocês querem que Deus os justifique", disse João. "Vocês querem que Deus os aprove e aprove a estreiteza de sua visão. Vocês não podem permitir que venha um profeta ou que seja ouvida uma voz que os perturbe. Vocês querem as coisas do seu jeito, mas eu vim para chamá-los à justiça. Eu sou a voz do que clama no deserto: preparai o caminho do Senhor."

Agora, olhemos para esse deserto, pois esta é a base desta mensagem para o nosso coração.

A palavra "deserto", como João a usou aqui, não tem o mesmo significado que tinha quando ele ainda estava no deserto e antes de se mostrar a Israel. Ali, a palavra "deserto" ou "ermo" significava um pedaço de terra identificável e detectável que se poderia marcar em um mapa. Aqui, porém, como muitas vezes acontece na Bíblia, após o uso literal de uma palavra, pode se seguir um uso figurado dessa mesma palavra. Podemos tomar como ilustração: "Dá-me de beber", disse Jesus à mulher junto ao poço.

Ela respondeu: "Como é que você me pede isso?"; e então a conversa foi de uma água para outra. Depois de conversarem sobre a água literal no poço, Jesus disse: "Pede-me e eu te darei água viva". Então, Ele elevou a expectativa dela da água física para a água espiritual.

Sabemos do deserto no qual João cresceu, e agora o vemos dizendo: "A voz do que clama no deserto". Obviamente, essa é uma forte figura de linguagem, e seu significado não se limita ao deserto onde ele viveu. Refere-se à condição moral de Israel, pois João não falava sobre botânica e agricultura — ele falava sobre moralidade e religião. Então, ele passou da palavra "deserto" direto para assuntos morais e espirituais. O deserto ao qual ele se referia era a condição moral de Israel.

É possível que seja necessário um sermão inteiro para mencionar e explorar todas as características angustiantes de um deserto. Vamos examinar algumas delas.

Primeiro, há a notável característica de desordem. Vá para uma área de parque planejada e supervisionada e encontrará ordem — vá para um deserto e encontrará desordem.

Então, há devastação, pois há áreas desérticas envolvidas e grandes seções rochosas, arenosas e estéreis, sem grama ou vegetação.

Você encontrará confusão em tudo. Considere os grandes desertos, crestados, açoitados pelo vento, inativos, cheios de sarças e todos os tipos de ervas daninhas, com apenas uma árvore retorcida aqui e ali — apenas uma área confusa.

É difícil encontrar propósito no deserto. Você pode dirigir por partes dos estados do sudoeste norte-americano e sentir essa desolação do deserto e de regiões inóspitas. Lembro-me de ver uma vaca velha com costelas à mostra, parada perto da estrada no Novo México. Eu me perguntei como ela vivia com a grama esparsa e sem água suficiente. Lá estava ela — apenas uma pobre pele ressecada segurando os ossos juntos. Eu realmente me perguntei por que Deus fez tal lugar, mas Ele o fez, e o lugar está lá. Brincam a respeito de algumas áreas desérticas do oeste dizendo que, quando Deus fez o mundo, sobrou uma boa quantidade de coisas, e Ele disse: "Apenas despeje tudo lá!". Já escutei isso sobre várias regiões, e enfatizei a falta de propósito e de significado em uma verdadeira área desértica.

Então, outra qualidade do deserto é ter vida selvagem e não domesticada. Ninguém parece obedecer a nenhuma lei por lá. Ninguém vem quando você assobia, nenhum animal se deita e vira quando você fala. Todos eles são selvagens — portanto, no deserto temos confusão e desordem, devastação e falta de propósito. João tinha tudo isso em mente — ele sabia muito bem disso. Ele disse: "Isso é o que vejo em Israel. Deus me enviou para dizer a vocês o que vejo em Israel". João viu isso. Existem atitudes e maneiras em nossa própria geração que homens e mulheres piedosos devem ser capazes de ver. Talvez alguns de vocês pensem que digo isso só porque estou ficando velho e que há uma rachadura aparecendo na velha "cúpula", mas acho que sei do que estou falando. Acho que estou vendo algo sobre estes tempos e sobre a igreja cristã, e espero que muitos outros estejam "vendo" o mesmo e que façamos algo a esse respeito.

Esse João, que via as coisas, sentiu e viu o que os líderes religiosos de Israel não podiam perceber. Ele viu o que os fiéis guardiões da ortodoxia nunca sonharam que fosse verdade. Eles se viam sob uma luz — e Deus os via de uma maneira diferente. João os via como Deus os via, e João e Deus estavam certos — e os tradicionalistas estavam errados.

Então, ele levantou a voz por Deus e pela verdade naquele deserto.

Eu sei que seria inútil gastar tempo aqui se fôssemos simplesmente atacar israelitas que já morreram há muito tempo e afligir a nossa alma justa com a conduta de fariseus, escribas e levitas que estão na sepultura há séculos.

No entanto, há uma condição atual de deserto, a qual que se compara à de Israel quando nosso Senhor veio. É o seguinte: embora vivamos na civilização mais avançada do mundo, fomos traídos por nossos professores, trágica e cruelmente atraiçoados por nossos mestres religiosos.

Eles nos disseram anos atrás que o mundo estava melhorando, e hesito em usar esse velho clichê. Eles, porém, asseveraram: "Certamente, o mundo está melhorando", e citavam as estatísticas de que o homem é capaz de curar a raiva, diabetes e outras doenças, e capaz de fazer tantas coisas que nunca havia sido capaz de fazer antes.

No entanto, uma das falácias era aparente na proposição de que, porque o ser humano se tornou um brilhante fabricante de brinquedos, também se tornou bom nisso, e você entenderá o que quero dizer quando falo dos "brinquedos" do ser humano.

É verdade que o ser humano criou, desenvolveu, inventou e descobriu todos os tipos de brinquedos novos e brilhantes. Ele pode alcançar os céus e puxar para baixo o relâmpago irregular e colocá-lo em uma caixa ou fazê-lo percorrer fios. A princípio, ele só conseguia enviar a voz pelos fios, mas agora pode transmitir aquele raio irregular de um lugar para outro, ao redor do mundo e vice-versa, sem nenhum fio. O homem inventou esses brinquedos maravilhosos e sofisticados.

Há algumas gerações, os brinquedos eram puros e simples. Um menino pegava uma roda e enfiava um prego nela, partia um pedaço de pau e passava o prego pelo pedaço de pau — e ele tinha um brinquedo. Eles pegavam uma meia velha que não servia para mais nada, enchiam com algodão, pintavam um rostinho nela e tinham uma boneca de pano para o bebê.

Agora, porém, essa simplicidade foi deixada para trás. Vivemos em uma época de espantosas maravilhas eletrônicas. O rádio se tornou um dos nossos brinquedos, e com ele surgiu a tela da televisão. Inventamos o ultracongelamento como um benefício para a cozinheira. Inventamos o nylon e outras fibras sintéticas. Você pode até correr em uma roupa íntima de fibra de vidro. Não estou sendo engraçado — isso é verdade.

Eles podem fazer isso de vidro agora. Eu li que Henry Ford, certa vez, disse a alguém em sua fazenda experimental em Michigan: "Sabe, eu estou vestido com grãos de soja — cada peça de roupa que eu tenho foi feita de soja".

Então, agora podemos pegar a soja e transformá-la em roupa. Podemos pegar o vidro que costumava quebrar quando você bate nele e podemos moldá-lo e usá-lo. E, também, fabricamos as engenhocas mais sofisticadas e caras. Fazemos aviões supersônicos, que voam mais rápido que o som, com níveis de ruído tão fantásticos que as janelas no solo se quebram por causa do estrondo quando eles rompem a barreira do som.

Sim, somos os fabricantes de brinquedos do mundo, e, por causa disso, os mestres concluíram: "O homem deve ter melhorado — ele sabe tanta coisa mais".

Nós ignoramos uma coisinha em nossa preocupação com a estranha e maravilhosa nova capacidade que o homem tem de pegar as forças da natureza e domá-las. Ele fez esses avanços modernos para tornar a vida mais fácil — luz artificial em vez de velas, transporte em avião supersônico em vez de carro de boi, comunicações sem fio em vez de um mensageiro a pé ou a cavalo — temos tudo isso e muito mais. Contudo, o triste é o seguinte: a humanidade foi levada a acreditar que, junto com o avanço em assuntos científicos e conhecimento intelectual, obtivemos também um avanço nas atitudes morais.

Não sei se isso prova alguma coisa, mas menciono isso para quem tiver uma mente perspicaz e disposta a ouvir: eu me pergunto se não é muito estranho e significativo que dois incrementos tenham se desenvolvido em paralelo. O sonho dos fabricantes de brinquedos se concretizou — todas as invenções, aparelhos e "coisas" que hoje definem o que chamamos de civilização moderna. No entanto, paralelamente a isso, ao mesmo tempo e entre as mesmas pessoas, como dois trilhos de uma mesma ferrovia correndo lado a lado, aconteceu a mais terrível, assustadora e incrivelmente cruel e perversa situação que se conheceu desde os dias de Noé.

Refiro-me particularmente a duas ideologias que surgiram do inferno durante nossa vida, aparecendo quase ao mesmo tempo que a Revolução Industrial que nos deu a tecnologia: o nazismo e o comunismo.

Com esses dois sonhos políticos ímpios, surgiu um total desrespeito pela vida humana, com a provisão de que nada e ninguém é sagrado, exceto os membros do "partido".

Surgiram então câmaras de gás, pogroms, massacres, expurgos, fome, campos de concentração, brutalidades, assassinatos e marchas da morte — tudo isso nas mesmas áreas onde muito do nosso pensamento científico foi nutrido. Dessa forma, as novas descobertas técnicas, em vez de nos tornar melhores, levaram-nos a um tempo de desintegração moral.

Agora, não quero ser citado como aquele que disse que a ciência nos tornou maus. Quero apenas ser citado e entendido como querendo dizer que a ciência não nos tornou nada melhores — e alguma outra coisa nos tornou até piores.

Átila, o Huno, Ghengis Khan, todos cruéis tiranos do passado — considero todos eles "amadores" em comparação com os assassinatos em massa friamente científicos e pré-planejados de nossa própria geração.

Para não descontar nossa indignação em Stalin e Hitler, ambos agora confortavelmente mortos, deixe-me apontar para você que as características do deserto invadiram outros reinos além daqueles atrás da antiga Cortina de Ferro.

Gostaria de discutir o lugar das mulheres e a degradação delas em nossos dias — mas é melhor ficar calado. Simplesmente não adianta. Ninguém acredita, e dizê-lo é apenas ter a satisfação de saber que você declarou a verdade, assobiou ao vento e foi se deitar!

A degradação da mulher no século 20 em todas as partes do mundo civilizado foi minimizada, desculpada e ridicularizada. No entanto, devo lhes dizer algo, irmãos: diante do tribunal de julgamento de Deus, isso não é motivo de riso.

Não é motivo de riso tanto quanto a gangrena podre que vai avançando pelo corpo de um homem não o é.

Se um homem tivesse gangrena na perna e conseguisse pessoas suficientes para exaltá-la, e elas lhe pagassem para exibi-la, escrevessem livros e poemas a respeito dela e cantassem músicas sobre ela, ele logo poderia glorificar a gangrena. Isso, porém, não mudaria a natureza da gangrena — ela ainda matará a vítima com tanta certeza como Deus vive lá no céu. A menos que os médicos cortem fora a ferida e a removam inteiramente, ela o matará. Você nunca pode fazer acordos ou transigir com uma gangrena.

A ilustração é válida também para o reino espiritual — quando violamos as leis de Deus e poluímos as fontes mais puras da raça, e continuamos a condescender em fazer isso, e então o desculpamos e justificamos, incorporando aquilo em nosso raciocínio, escrevendo livros e peças sobre o assunto e honrando-o, glorificamos algo que nos matará no devido tempo.

Não tenho certeza de que veremos qualquer mudança, arrependimento ou repulsa pelos venenos morais que estão avançando antes que nosso Senhor volte novamente, ou antes que o julgamento nos alcance. Espero que sim, mas não sei. E não coloco toda a culpa nos jovens de nossa época. Não estou aqui para ser ofensivo com os jovens e suas atitudes, pois, acreditem ou não, eu já fui jovem.

No entanto, há mudanças incríveis acontecendo ao nosso redor, e me parece que o sujeito mais desprezível de toda a vizinhança alguns anos atrás seria apenas uma pessoa comum e normal hoje. Não é verdade que o pior patifezinho, cuja má fama fosse conhecida em um raio de quilômetros, não passaria de um garotinho da escola dominical em comparação com os jovens criminosos que agora aparecem nos noticiários?

O chefe do FBI, todos os bons policiais e oficiais da lei do país, os que compõem as associações de pais e mestres e grupos semelhantes estão desesperadamente preocupados com as mudanças de atitude agora apresentadas por segmentos da nossa juventude. Não sou muito a favor de estatísticas, mas deveria ter preparado meu arsenal de estatísticas para este momento. Pensem em quantos crimes se cometem a cada minuto diariamente — quantos assassinos nunca são pegos, os assassinatos que nunca são resolvidos, as drogas que estão se tornando amplamente utilizadas, os casamentos que se desfazem. Apesar disso, essas coisas têm sido motivo de piada de geração em geração — a mesma zombaria e cinismo, só que em nova roupagem.

Nossas piadas sobre casamento sempre tiveram como alvo as jovens noivas e a sogra. Vi uma piada estampada no terminal de ônibus, no qual a noiva dizia ao jovem marido: "Querido, que bom que gostou da refeição. Mamãe sempre me disse que salada de frango e torta de morango são as duas coisas de que os homens mais gostam". E o marido respondeu: "Sim, mas isto aqui é qual dos dois?".

Bem, não contei isso porque queria fazer piada no púlpito — só queria demonstrar o fato de que o velho hábito de contar piadas ainda está vivo –, pois, na verdade, existem apenas algumas piadas. E agora acrescentaram outra à lista — a piada sobre o casamento e o divórcio.

Por exemplo, a criança pequena em Hollywood diz: "Mamãe, quem é aquele homem que vem aqui uma vez por mês?!" — referindo-se ao pai, é claro, a quem ela nunca conheceu de verdade.

Nunca houve realmente um tempo na História em que as pessoas fossem boas, mas houve um tempo em que os humanos tinham vergonha de serem maus. Nós, agora, nos degeneramos e nos tornamos desmoralizados a tal ponto de fazer piadas sobre nossos maus caminhos e nossos costumes morais escandalosos.

Deixe alguém praticar o mal e usar a noite para esconder-se por causa do que fez, e Deus dirá: "Ele foi para onde lhe é próprio, para as trevas, e eu adiarei seu julgamento", mas quando a filosofia moral de toda uma geração se tornar tal que os homens possam ostentar sua maldade e podridão e terminar sendo glorificados ao sair na primeira página, então Deus não mais reterá sua mão.

Apodreceremos por dentro. Quando estou dizendo que isso é o deserto, temos os fatos diante de nós. O deserto está em todo lugar à nossa volta. E se isso fosse tudo o que pudéssemos ver, eu diria: "Graças a Deus por uma igreja pura no meio de toda esta noite; graças a Deus por uma mulher pura, que tem a luz no meio desta escuridão!" — mas não posso afirmar isso, porque não é verdade.

Em vez de flutuar por cima de tudo isso, livre, limpa e separada, a igreja cristã vê seu pobre velho barco vazando água por todas as emendas, e agora a igreja e o mundo se misturaram tanto que é difícil distinguir um do outro.

O mundo afetou tanto nossos padrões morais que os cristãos dizem acreditar em Cristo, mas nunca se preocuparam em mudar suas atitudes e seus padrões morais.

Como nos dias de João Batista, assim é em nossos dias. Os líderes religiosos estavam defendendo a si mesmos e a suas tradições. Eles queriam fazer o que quisessem e ser aprovados. Não queriam ser incomodados. Eles queriam ir à igreja porque "é tão tranquilo lá". Diziam: "Oh, sinto tanta paz sentar-me aqui na igreja! — isso me faz sentir tão bem". Eles queriam ir à igreja para se sentirem bem, mas ao redor deles prevaleciam as condições do deserto.

Os líderes covardes faziam conversos, mas segundo o modo vão e moralmente destituído de propósito que prevalecia na época. Hoje, dizemos que pregamos o evangelho e fazemos conversos — mas também fazemos conversos para o deserto! Fazemos conversos para a futilidade, para o vazio. Não sei se Deus levantará outro João, mas se Ele o fizer antes da vinda de Jesus, uma das primeiras coisas para as quais devemos nos preparar é sermos perturbados, profundamente perturbados. Talvez até com raiva.

Olhemos para nossa situação — somente nesta igreja. A honestidade comum exige que eu diga, e Deus terá de me mostrar se estou errado, que esta igreja, em comparação com a média, é uma boa igreja. Suponho que uma grande porcentagem de nosso povo seja de pessoas boas e de boa moral, uma grande porcentagem poderia fazer a oração em público se for chamada, uma grande porcentagem poderia levar outra alma a Cristo. A maioria de nosso povo dá grandes ofertas para as missões e outras boas causas. Deve ser assim, ou não teríamos uma quantia tão grande entrando em nossa igreja ano após ano. Então, devo dizer, em defesa da igreja, que, comparada com a média das igrejas fundamentalistas, ela deve ser considerada uma igreja extraordinariamente boa. No entanto, mesmo nesta congregação — quanta desordem existe! Em comparação com o que devíamos ser, irmãos, quanta desordem há em nossa vida! — desordem espiritual na vida e no coração.

Quanto desperdício existe em nossa vida! Há desperdício dos dons vitais de Deus, desperdício de habilidades de vida e tempo. O deserto é caracterizado pelo desperdício — espaços desperdiçados que não têm nenhuma utilidade para Deus ou para o ser humano. Muitos de vocês, cristãos para quem prego agora, teriam de dizer: "É verdade, Sr. Tozer, meu coração é mais como um deserto do que como um jardim; mais como as áreas que ficam além do Jordão do que como o jardim de Deus".

Muito pouca coisa cresce no deserto, e nada amadurece nele. Se houver alguma fruta, é mirrada. Se houver algum grão, é inferior por causa da esterilidade.

O que temos para mostrar ao Senhor como fruto de nosso serviço? Como é trágico ter nascido de novo e não ter frutos da fé cristã para mostrar — seguir nosso caminho sem nunca ter realmente feito nada por Ele!

Há alguém na Terra que agradecerá a Deus por toda a eternidade pelo fato de você ter existido? Você veio a este mundo pela graça de Deus, mas ninguém irá lamentar quando você partir, exceto seus próprios entes queridos imediatos — e esse é apenas um apego emocional! Haverá alguém, em qualquer lugar, que dirá a seu respeito: "Agradeço a Deus por aquela pessoa ter vivido"?

Em partes da Indonésia, existem tribos inteiras que, quando todos os fatos forem revelados, agradecerão a Deus, com os olhos brilhando, porque o missionário Robert Jaffray viveu. Graças a Deus por homens assim, mas eles não são muitos, e a vida da maior parte dos membros da igreja é estéril.

Pense nas plantas selvagens que crescem no deserto e nas plantas selvagens que crescem na vida de muitos cristãos em nossos dias. Plantas da carne e plantas do mundo — mas crescem no que se supõe ser um jardim de Deus. Oh, essas plantas selvagens serão apenas cortadas e jogadas no fogo! Contudo, há um torpor que está sobre nós — não entendemos nossa situação, não estamos despertos para vê-la e compreendê-la. Somos como alguém que começou a dormir há pouco tempo e está desesperadamente cansado, quando o outro grita: "Fogo! Fogo". Ele desperta parcialmente, mas não o suficiente para saber o que está acontecendo. Muitas pessoas já morreram porque não conseguiram afastar a sonolência da mente no momento do perigo.

Eu lhe pergunto sem rodeios: se você fosse encontrar o Senhor, ou se Ele viesse primeiro até você, nas próximas doze horas, o que você teria para mostrar a Ele por uma vida supostamente gasta em seu serviço? Vamos deixar que Ele lide agora com nossa esterilidade, nosso deserto espiritual?

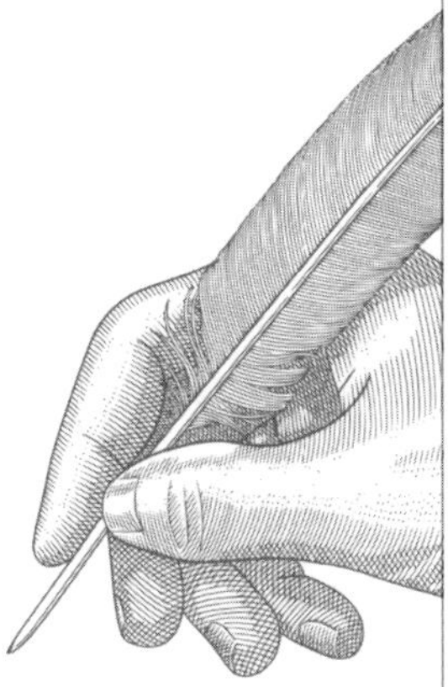

9

A corda bamba "espiritual ou secular": *Tudo em nossa vida se torna espiritual por meio de Cristo*

Então, Jesus, erguendo os olhos e vendo que grande multidão vinha ter com ele, disse a Filipe: Onde compraremos pães para lhes dar a comer? Mas dizia isto para o experimentar; porque Ele bem sabia o que estava para fazer. Respondeu-lhe Filipe: Não lhes bastariam duzentos denários de pão, para receber cada um o seu pedaço. Um de seus discípulos, chamado André, irmão de Simão Pedro, informou a Jesus:

Está aí um rapaz que tem cinco pães de cevada e dois peixinhos; mas isto que é para tanta gente? Disse Jesus: Fazei o povo assentar-se; pois havia naquele lugar muita relva. Assentaram-se, pois, os homens em número de quase cinco mil. Então, Jesus tomou os pães e, tendo dado graças, distribuiu-os entre eles; e também igualmente os peixes, quanto queriam.

João 6:5-11

Esboço

Introdução

O cenário do milagre — Jesus sozinho com os discípulos na montanha, esperando em Deus, antes de agir em favor do povo. Existe um tipo precioso de "inatividade" espiritual que os cristãos devem conhecer como preparo para testemunhar e ajudar os outros. Maria e Marta são uma ilustração desse princípio.

I. *Cristo vê e compreende a necessidade humana.*

1. Preocupado com a fome do povo.
2. Não minimizou a necessidade física.
3. Cristo, nosso pão, Senhor de todas as partes da nossa vida.

4. Ele atendeu às necessidades deles e concedeu bênçãos adicionais.

II. *Cristo usa homens imperfeitos para suprir a necessidade.*

1. Ele olha além das limitações dos discípulos.
2. Filipe calcula; André tem um raio de esperança.
3. O almoço entregue por um menino — "Pegue, Jesus".
4. Pães e peixes, o ato de fé, todos símbolos da graça de Deus.

III. *O milagre — o poder de Cristo acrescentado à fé do homem.*

1. A necessidade humana é atendida — todos são alimentados.
2. Os "presentinhos" do homem resultam em muitas bênçãos quando tocados pelo poder e pela sabedoria de Deus.
3. É o Senhor — Ele aceita nossos "presentinhos".

ANTES DE ANALISARMOS ESTA PARTE, que nos leva a refletir sobre Filipe, o homem da calculadora; André, o homem da sugestão; e um menino anônimo disposto a ficar sem seu almoço só para entregá-lo ao Senhor, será oportuno observarmos que Jesus subiu à montanha e simplesmente se sentou com os discípulos antes da alimentação milagrosa da multidão.

Parece claro que Jesus se afastou da grande pressão do povo, e eu gostaria de dizer que há algumas coisas que você nunca aprenderá se alguém mais estiver presente. Acredito na igreja e amo a comunhão dos irmãos reunidos, e podemos aprender muito quando nos reunimos aos domingos e nos sentamos entre os santos; mas há certas coisas que você nunca aprenderá enquanto os outros estiverem com você.

Não há dúvida de que parte de nosso fracasso hoje é a atividade religiosa que não é precedida por uma solidão — uma inatividade. Refiro-me à arte de ficar a sós com Deus e esperar em silêncio e quietude até que sejamos recarregados, e então, quando agirmos, nossa ação realmente resultará em alguma coisa, porque fomos preparados para ela.

Aqueles entre nós que praticam a inatividade geralmente não praticam o tipo recomendado na Bíblia — o tipo de espera silenciosa que o Senhor praticava. Parte do que vemos hoje é simplesmente preguiça, e o Senhor não tem nada de bom a dizer sobre o preguiçoso. Não há um único texto nos sessenta e seis livros da Bíblia que diga algo gentil sobre o preguiçoso. Assim, a inatividade que surge por pura preguiça não tem lugar nas Escrituras.

Há também a inatividade que se origina do medo. As pessoas que têm medo de fazer qualquer coisa imaginam que podem reduzir e limitar a área de perigo não fazendo nada. Elas acham que, se simplesmente ficarem paradas, haverá menos perigo de se meterem em problemas. Deus nunca sanciona esse tipo de inatividade, pois ela brota de um motivo pessoal relacionado ao medo.

Outros são inativos por falta de visão e pela confusão resultante dela. As pessoas simplesmente não sabem o que fazer — então não fazem nada! Acho que grandes setores da igreja estão nessa condição. São pessoas que nunca viram um caminho e não sabem onde encontrá-lo. Não têm uma rodovia adiante de si, então ficam paradas. Não sabem o que fazer — não têm visão. Há, porém, uma inatividade que, paradoxalmente, é a atividade mais elevada possível. Pode haver uma suspensão da atividade do corpo, como quando nosso Senhor disse aos discípulos que esperassem até que fossem cheios do Espírito Santo — e eles o fizeram. Esperaram em Deus.

O Antigo Testamento está repleto dessas expressões que falam sobre esperar em Deus. É bom para o homem esperar em Deus. No Antigo Testamento, isso significava chegar diante da presença do Senhor com expectativa e esperar ali com inatividade física e mental. Como escreveu um antigo poeta: "Pare de pensar, cristão perturbado..." — um lugar onde a mente para de tentar descobrir seu próprio caminho e se abre totalmente para Deus, e a brilhante glória de Deus desce sobre a vida e transmite uma atividade.

Eu me pergunto se você entende o que quero dizer quando afirmo que podemos ir a Deus com uma atividade que é "inativa". Vamos a Deus com um coração que não está agindo na carne ou em seu natural — ou seja, que está tentando fazer algo —, mas que vai até Deus e espera. Significa apenas que, por dentro, nosso espírito está vendo, ouvindo e subindo com asas, enquanto a pessoa física, exterior, está inativa, e até mesmo a mente está, até certo ponto, suspensa.

Sabemos que Jesus repreendeu uma mulher por ser muito ativa — e essa mulher era Marta. Às vezes, temos a tendência de acrescentar muita coisa ao que o Senhor realmente disse. Descobri que as amáveis repreensões do Senhor a Marta foram uma deixa para os pregadores abusarem da pobre mulher. Acho que a criticamos demais, e, pessoalmente, agradeço a Deus pelas Martas no mundo. Alguém geralmente tem de cozinhar, e lavar a louça e cuidar para que o trabalho seja feito.

Sem as Martas no mundo, não seríamos tão elegantes e bem alimentados, e a repreensão do Senhor a Marta já foi o suficiente. Não acho que devamos acrescentar tantas demãos de tinta à repreensão que o Senhor fez a ela.

Por outro lado, observe que Maria estava ali, simplesmente sentada. É a mesma palavra que João usa para descrever a inatividade de Jesus quando Ele subiu ao monte e se sentou. Maria simplesmente se sentou aos pés do Salvador, e o Senhor repreendeu Marta pela atividade nervosa. Acho que ela apenas levou sua atividade a um ponto em que deixou de ser produtiva, porque não era acompanhada por uma paz espiritual interior.

No caso de nosso Senhor, percebo que o povo veio a Ele, e Ele estava pronto para recebê-lo. Jesus havia permanecido em quietude e silêncio, e sentou-se sozinho para meditar. Olhando para cima, Ele esperou até que todo o hiato da vida divina descesse do trono de Deus para sua própria alma. Ele havia se equilibrado e, como um violino afinado e uma bateria carregada, estava preparado para receber aqueles que se aproximassem.

Então, aquelas eram as pessoas — uma grande multidão sem nada para comer, uma grande turba que havia saído apressadamente atrás do Senhor. Alguns trouxeram seus bebês, alguns eram idosos e alguns não eram fortes, e agora, depois de três dias no caminho, a comida havia acabado. Eles estavam necessitados de comida, mas não havia lugar onde pudessem comprá-la.

Foi então que o Senhor perguntou a Filipe: "Onde compraremos pão?".

Isso diz alguma coisa para você? Isso me diz que nosso Senhor humano se preocupava com o pão.

Nunca houve uma reunião campal que não tivesse cozinha e refeitório anexos. Nunca houve um Pentecostes em qualquer lugar que não tivesse um cozinheiro em algum lugar na esquina para alimentar os santos cheios do Espírito. Nosso Senhor sabe que somos seres humanos — é bom sabermos que Ele entende tudo sobre nós.

Já me perguntei por que Deus nos deu um corpo e nos amarrou aqui embaixo, e concluí que Ele nos deu esse corpo mais ou menos como uma disciplina. Não sei para que mais ele serve. Emerson escreveu certa vez que a natureza tinha uma função para com os seres humanos, discipliná-los.

Somos levados a pensar assim ocasionalmente, pois o corpo, às vezes, foge um pouco do controle, e acabamos gastando tanto tempo, energia e cuidado para manter esse "santuário" quanto gastamos para cuidar da família e das tarefas diários também.

No entanto, estou feliz que Deus entende isso, e Ele sabe. Ele nos deu essa estrutura mortal e espera que cuidemos dela. E vemos, no contexto que estamos examinando, que Ele se preocupava com o fato de as pessoas terem algo para comer.

Nunca acreditei nas grandes distinções que algumas pessoas tentam fazer entre o sagrado e o secular, e acredito que comer pode ser algo tão religioso quanto orar. Creio que é tão espiritual tomar meu café da manhã quanto fazer orações em família. Além disso, acredito que o homem que separa o café da manhã das orações faz uma divisão desnecessária. Por que ele deveria colocar a comida em uma outra categoria e se desculpar com o Senhor dizendo: "Sinto muito, Senhor, mas o senhor sabe que tenho que comer agora. Vejo o senhor assim que terminar, mas peço licença agora, enquanto estou ocupado, comendo"?

Acho que é errado colocar as necessidades físicas de um lado e atividades espirituais como orar, cantar, dar ofertas, ler a Bíblia e testemunhar do outro lado.

Como podemos dizer "Isto é espiritual" e "Isto é secular"?

Na verdade, tentamos andar em uma corda bamba entre os dois — uma espécie de trança, um laço para dentro e outro para fora — o laico e o espiritual, pedindo desculpas a Deus quando devemos nos desviar por um tempo para fazer algo "secular".

Bem, meu irmão, tenho uma maneira melhor de viver e posso lhe dizer que o Senhor Jesus nunca fez a distinção que muitos fazem.

Ele disse que era o Senhor. Ele era o próprio Deus e disse: "Onde compraremos pães pra lhes dar a comer?".

Quando Jesus partiu os pães e os distribuiu para aquela grande multidão, todos comeram, e a comida foi tão espiritual quanto o ensino havia sido. O ensino e a alimentação eram igualmente espirituais, e a oração que precedia a refeição era tão espiritual — mas não mais — do que a alimentação.

Agora, se você puder se apossar disso, será algo maravilhoso para você — que o Senhor é o Senhor do nosso pão, o Senhor do nosso comer, o Senhor do nosso banho, o Senhor do nosso sono, o Senhor do nosso vestir, e Senhor do nosso trabalho, de modo que, quando trabalhamos, não precisamos dizer: "Agora, Senhor, tenho que trabalhar hoje, então o verei esta noite".

Nosso Senhor está conosco, santificando tudo o que fazemos, desde que seja honesto e bom. Deus não santifica as atividades do barman. Nenhum barman pode orar pela manhã e dizer: "Agora, Senhor, esteja comigo hoje", porque Deus não trabalhará com um barman.

Você pode dizer que tenho certeza disso, embora não tenha tanta certeza sobre as tendências descendentes e as rápidas mudanças nas igrejas e na vida religiosa. Seria possível que, algum dia, testemunhemos a formação de uma sociedade de bartenders e vendedores de cerveja que pintarão João 3:16 no fundo das canecas para que, ao esvaziá-las, reste o "testemunho" de João 3:16? Os bebedores diriam: "Ora, essas queridas pessoas são cristãs! São bons bartenders e vendedores de cerveja cristãos. Olhe ali o texto no teto. Diz: 'O Senhor está contigo, não tenha medo!' Eles testemunham com um bom texto bíblico — não diga que eles não são cristãos".

Não, tenho certeza de que o Senhor não abençoará o jogador e o barman. No entanto, se o trabalho for decente e respeitável, o Senhor o abençoará, e se o Senhor estiver em você, Ele estará em seu trabalho. Bem, observe que foi o Senhor da glória quem disse: "Onde compraremos pão para lhes dar a comer?" Ele mesmo se preocupava com a nossa alimentação — Ele não delegou essa preocupação a um profeta nem a um anjo. Aquelas pessoas famintas eram, na verdade, um problema de Jesus, mas Ele o tornou um problema de Filipe — Ele honrou Filipe ao incluí-lo na situação.

Lembro-me de que preguei um sermão há algum tempo em que dizia que o Senhor é autossuficiente e realmente não precisa de nós. Sei que incomodei algumas pessoas com isso, pois presumo que elas achavam que o Senhor realmente precisava delas, e se elas se aposentassem ou renunciassem, o Senhor teria que se esforçar para encontrar alguém que pudesse substituí-las.

Que visão baixa de Deus é essa, meu irmão!

Você poderia se ajoelhar, dobrar os joelhos e clamar a um Deus que precisa de você? Eu não poderia. Um Deus que precisasse de mim seria um Deus em apuros. Ele não precisa de mim e não precisa de você também. Isso pode ser amargo para algumas pessoas aceitarem, porque passamos a acreditar que somos indispensáveis e, quando formos embora, uma grande árvore terá caído, deixando um lugar vazio contra o céu.

Irmão, temo que quando alguns morrerem, será como um talo de grama comido por um gafanhoto e ninguém notará a diferença.

No entanto, nesta passagem, ali estavam aquelas pessoas famintas, e o Senhor as alimentaria. A questão é que Ele não queria apenas alimentá-las e terminar com aquilo de uma vez. Ele queria que alguma bênção fluísse por toda parte como resultado disso, então escolheu um dos discípulos, dizendo para si mesmo: "Vou envolver Filipe nisso — vou honrá-lo, permitindo que ele se torne parte deste plano. Ele pode me ajudar a resolver isso, embora na verdade eu não precise dele para nada".

Então Jesus encorajou Filipe a enfrentar o problema com Ele. Ele cutucou Filipe um pouco e o colocou em uma situação difícil, apenas para lhe revelar o próprio vazio.

Agora, meus amigos, nunca é perda de tempo aprender que você não sabe todas as respostas e aprender o quão pouco você tem. É uma vitória positiva para mim quando aprendo as coisas que não posso fazer — as coisas que me faltam.

Na verdade, há tão pouco preenchimento de nossos vasos hoje em dia porque há pouco esvaziamento. O Senhor teve de esvaziar Filipe para poder preenchê-lo, pois Filipe estava cheio de ideias próprias. O Senhor não pode encher com a própria presença aquilo que já se encheu de outra coisa e se recusa a se esvaziar.

Na verdade, Filipe não se saiu muito bem aqui. O Senhor disse: "Filipe, onde vamos comprar pão para eles comerem?".

Filipe revelou ter um tipo de mentalidade totalmente terrena, insípida e sem inspiração. Veja o que Filipe fez: Ele estendeu a mão, pegou seu lápis, virou a chave e começou a trabalhar, aplicando cálculos ao milagre. Com lápis e bloco de notas, tornou-se Filipe, o Calculista.

Isso me faz pensar por que não designamos as pessoas como antigamente. Costumavam nomear as pessoas de acordo com quem elas eram. Mesmo no interior, quando eu era criança, batizavam as pessoas de acordo com o que elas eram. Black Simon Finnegan era um homem da nossa vizinhança. Ele não era mais negro do que eu. Na verdade, era um homem branco, mas seu nome era Black Simon. Outro homem se chamava Pequeno Simon. Usavam esses nomes para diferenciá-los. Se você olhar para a história, encontrará homens com nomes distintivos, como Eric, o Vermelho, e Alexandre, o Grande.

Agora, eu me pergunto por que não poderíamos ir ao Novo Testamento e nomear alguns dos personagens. Aqui estava Filipe, o Calculista; Filipe, o Matemático;

Filipe, o Escriturário. Havia a necessidade de um milagre, e Filipe pegou o lápis para calcular as probabilidades. Acho que todo grupo cristão tem pelo menos um menino com o lápis. Eu pertenço a conselhos há muitos anos, e raramente há um conselho que não tenha um Filipe calculista presente. Quando você sugere algo, ele pega o lápis e se inclina um pouco para trás e deixa alguns riscos na parede, e vem com a prova de que você não pode fazer isso. Você não pode fazer isso!

Antes de construirmos essa igreja, havia um velho celeiro de laticínios aqui. Quando falamos sobre construir a igreja, tivemos mais Filipes que disseram: "Isso não pode ser feito!". E, claro, eles poderiam provar isso. Bem, nós a construímos de todo jeito c pagamos por ela em seis anos. No entanto, era algo que simplesmente não poderia ser feito, e o lápis e o bloco provavam a tese.

Tenho feito parte dessa seara por muitos anos e percebo que sempre há dois tipos de homens: os que podem ver o milagre e os que só podem ver o bloco e o lápis.

Filipe começou a trabalhar com o lápis. Ele sabia quanto dinheiro havia entre os discípulos, quanto custava um pão, quantas fatias poderia tirar de cada pão, e ele sabia o tamanho da multidão faminta.

Ele se voltou para o Senhor e disse: "Duzentos denários de pão não são suficientes para eles, para que cada um coma um pouco". Então ele foi embora, pois já havia feito sua contribuição — e foi 100% negativa. Se tivessem dado ouvidos apenas a Filipe, cairiam e morreriam de fome no deserto. O glorioso milagre nunca ocorreria.

Filipe, o Calculista, o homem com o lápis. Ele é um homem perigoso, irmão, na igreja de nosso Senhor Jesus Cristo. Cada sugestão feita na direção do progresso é rejeitada pela igreja.

Em seguida, chegamos a outro homem, e esse era André. Ele se saiu um pouco melhor do que Filipe. Ele fez uma sugestão tímida e disse: "Há um rapaz aqui e ele tem um pouco de alimento — cinco pães de cevada e dois peixinhos".

Então ele acrescentou: "Mas o que são estes entre tantos?".

Eu não chamaria André de campeão mundial com base nesse relato, e se ele estivesse vivo agora, não seria o que chamaríamos de "fundador" nem de "promotor" — disso tenho certeza. André estava apenas parcialmente do lado do "milagre" — apenas parcialmente.

André olhou em volta e disse: "Certamente este total no final da coluna não é tudo. Meu irmão Filipe é um bom rapaz, e eu gosto dele, mas ele tende a ser um pouco negativo". Ele olhou para todos aqueles números — tanto pão por tantas moedas, tantas pessoas, fatiar o pão em tantas partes.

"Não", disse ele, "não adianta — será apenas uma ninharia para cada um, mas isso não pode ser o fim. Deve haver ajuda, deve haver uma maneira".

Então, o homem André começa a olhar em volta. Você estará um pouco mais perto do milagre quando conseguir uma igreja cheia de Andrés. Mesmo se você tiver apenas um ou dois Andrés, geralmente haverá uma nota de rodapé, e um deles dirá: "Há um menino aqui que tem alimento, pão e peixe, mas, afinal de contas, isso não é muito...". Há uma inflexão crescente na voz, um convite para alguém vir em socorro.

"Se eu conseguir uma palavra encorajadora de alguém, acho que posso ver alguma esperança na situação" — esse é André.

Pessoalmente, acho que você fica um pouco mais caloroso quando é como André, meu irmão! Filipe estava frio como gelo, com a máquina de somar e o computador provando que ninguém comeria naquela ocasião.

André, porém, olhou em volta e disse: "Bem, já temos por onde começar. Temos um pequeno almoço aqui. Uma cestinha. Um rapaz. Um menino".

Devo lhe dizer que nunca consegui entender como aquele menino conseguiu segurar aquele almoço. Os meninos que conheço teriam comido tudo antes mesmo das nove horas da manhã do primeiro dia, e lá estava ele, no terceiro dia, ainda segurando o pequeno almoço. Talvez sua boa mãe tenha lhe dado um pouco mais, e ele ainda o tivesse. Os cinco pães eram, na verdade, apenas fatias, não pães inteiros, mas simplesmente panquecas glorificadas. Era só isso, junto com dois peixinhos.

Então, esse era o rapaz. O próprio André não tinha nada, mas conhecia alguém com um pouco de comida disponível. Isso poderia ajudar um pouco, ele pensou. Vejo André como alguém que seria útil em qualquer conselho da igreja, porque pelo menos ele procurava por alguém que tivesse alimento. Isso demonstra uma pequena nota de esperança e um pouco de fé. Aqueles que participam das reuniões de conselho e falam mal da igreja me dão uma pista sobre as ovelhas às quais Jesus se referiu. Tudo o que você precisa fazer para começar a destruir uma igreja é começar a falar mal dela. Basta as ovelhas começarem a lamentar, e a igreja morrerá em pouco tempo. É só começar a lamentar. O poder da sugestão provavelmente cuidará do restante da queda.

É assim que pode acontecer nas igrejas, sabe? Você pode começar a falar mal de uma igreja, e um sujeito encontra outro e diz: "As coisas não estão indo muito bem, não é?"; "Não, não estão indo bem". Outro sujeito diz: "Não estão indo bem mesmo", e ouve a resposta: "É o que eu tenho ouvido". E ele acabou de ouvir isso cinco minutos antes de outro sujeito. Logo surge o comentário: "Você já ouviu o que estão dizendo?". Não demora muito, e já falaram tão mal daquela igreja que os calculistas, os estatísticos e os matemáticos começam a ver os números e os problemas, mas não conseguem enxergar Deus. Eles fazem as contas, mas não incluem Deus nos cálculos.

Irmãos, é hora de encontrarmos ao menos um ou dois Andrés, homens que tenham esperança e fé para procurar um sinal. Foi só isso que aquele almoço significou — apenas um sinal. Não era muito. Na verdade, não era suficiente nem para uma pessoa. No entanto, Cristo pegou aquele pequeno sinal, inadequado, e o transformou em algo suficiente para mais de cinco mil pessoas.

Vocês se lembrarão de que eu já citei um pequeno trecho de Walter Hilton, um querido servo de Deus que viveu antes da época de Shakespeare. Ele estava falando sobre como devemos servir a Deus, o quanto devemos dar e como devemos nos dedicar ao serviço do Senhor.

Ele disse: "Vou lhe apresentar uma pequena regra". Então usou a antiga palavra inglesa "mickle", que significa "muito". "Se tem *mickle,* faça *mickle.* Se tem pouco, faça pouco. Se não tem nada, ao menos tenha uma boa intenção." Se você não tem muito, então faça o que puder. Se não tem nada, tenha ao menos uma boa intenção. Acho que é uma boa regra, e André, pelo menos, teve uma boa intenção e um almoço, um sinal. Ele estava ao lado de Deus, ao menos até certo ponto.

Note que o texto não nos conta exatamente como conseguiram aquele almoço. Ele diz apenas que Jesus pegou os pães, mas não explica como os conseguiu. No entanto, já li demais sobre meu Senhor para acreditar que tenha havido qualquer tipo de força ou coerção. Aquele almoço deve ter sido muito importante para aquele menino, mas ele o entregou a Jesus.

Talvez Jesus tenha sorrido e dito ao menino: "Você gostaria de fazer algo que ajudasse todas essas pessoas famintas reunidas aqui?". O menino, com um rosto feliz, olhou para cima e respondeu: "Certamente, Mestre". "Então, deixe-me ficar com seu almoço." Acho que o menino sorriu e entregou o almoço a Jesus, que se voltou para os discípulos e disse: "Muito bem, digam ao povo para se sentar".

Então, eles se sentaram em filas organizadas, em camadas de filas, e Jesus pegou os pães, os abençoou, ergueu o coração e disse: "Ó Deus, abençoa este bocado. Abençoa este pequeno gesto de esperança otimista. Abençoa este sinal de fé".

E então Ele começou a distribuir, e de repente havia cestos cheios. De onde vieram os cestos? Eram os cestos de comida que as pessoas tinham usado um ou dois dias antes. Havia muitos cestos vazios naquela multidão, mas apenas um almoço. Jesus pegou aquele único almoço e o multiplicou para que houvesse comida para todos, porque foi entregue para seu uso, para a bênção de mais de cinco mil pessoas.

Tudo isso nos leva a uma pergunta: você é um Filipe? É um André? Ou é como o pequeno menino?

Filipe era tão bom com números que se esqueceu de incluir Deus em seus cálculos. André estava um pouco mais perto — não tinha nada, mas sabia onde poderia encontrar algo. E, então, havia o menino. Ele também não tinha muito, mas o que tinha, entregou ao Senhor Jesus, que tinha o poder de tornar aquilo suficiente.

De que lado você está? Você está entre aqueles que têm certeza de que o Senhor não pode fazer nada — porque acham que têm tudo? Está confiante em si mesmo? Tem tudo planejado? Ou está entre os incertos, cujos corações estão no lado certo? Você sabe que o almoço não é suficiente, mas têm esperança, porque é alguma coisa? Talvez alguns de vocês se identifiquem com o menino, que diz: "Se eu lhe der este almoço, Mestre, isso significa que não vou comer, mas gosto da maneira como o Senhor faz as coisas e estou disposto a segui-lo. Aceita?".

Aqui, devo dizer que acredito que, quando o Senhor enviou um cesto daquela comida ao menino, Ele colocou um peixe extra no topo. Acho que sim. Isso está completamente de acordo com os caminhos do Senhor — acrescentar um pouco mais ao cesto daquele que deu tudo o que tinha. Sei que Ele faz isso com as coisas espirituais, então, por que não faria com um simples almoço?

Por isso, recomendo que ao menos peçamos a Deus a graça de um André — que comecemos a procurar por sinais da graça de Deus — e os encontraremos.

Talvez você tenha um sinal, meu irmão, e não saiba disso. Você acha que o menino sabia que tinha a chave do milagre? Não, ele não sabia, mas a tinha e a carregava em seu cesto. Ele a levou por três dias sem saber.

Pode ser que você tenha em sua posse a chave para o futuro. Pode ser que tenha em suas mãos, sem saber, a chave para a salvação de pelo menos dez pessoas, ou quem sabe até de cem. Basta render-se e deixar o Senhor usá-la.

Diga a Ele agora: "Mestre, tenho apenas um pequeno sinal; tome-o, Senhor Jesus, tome-o!".

O Senhor o aceitará. Como Ele o multiplicará, eu não sei, mas sei que Ele pode fazer isso e o fará. Contudo, Ele precisa de um almoço rendido — um sinal que só você pode entregar nas mãos dele.

10

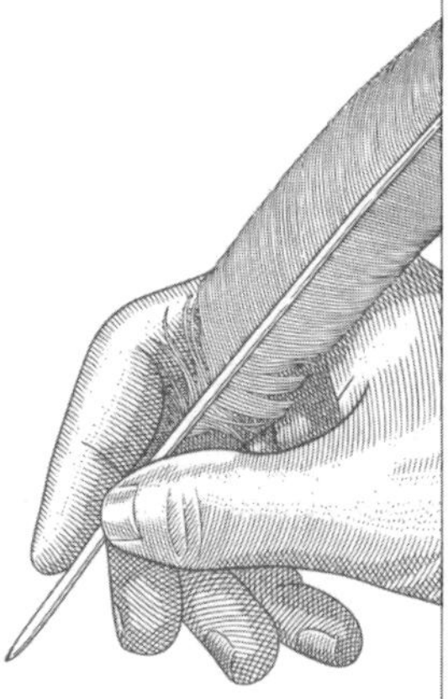

A igreja está em um mar tempestuoso: *Não somos afastados da esperança de sua vinda*

Depois de terem remado uns vinte e cinco ou trinta estádios, viram Jesus andando sobre o mar, aproximando-se do barco, e ficaram aterrorizados. Mas Ele lhes disse: Sou eu. Não temais! Então, eles, de bom grado, o receberam no barco; e logo o barco chegou ao seu destino.

João 6:19-21

Esboço

Introdução

Essa é uma imagem vívida dos discípulos no barco em um mar tempestuoso e Jesus andando sobre as águas para entrar no barco e levá-los à terra firme. Dr. Tozer critica alguns ensinamentos proféticos do passado por sua inflexibilidade em relação aos detalhes da volta de Cristo. O autor não aborda a aplicação de princípios de tipologia bíblica, preferindo chamar o incidente de uma lição objetiva.

I. *A pessoa singular de Cristo.*

1. Ele rejeitou a oferta de uma coroa terrena.
2. Seu nascimento não foi um nascimento comum.
3. Seu trabalho dignificou o labor humano.
4. A natureza de seus sofrimentos.
5. Sua morte não foi a morte comum de um homem.

II. Lições de sua recusa à coroa.

1. Ele não aceitaria nada fora da vontade de Deus.

2. As coroas de hoje são baratas e douradas.
3. Devemos tomar nossas cruzes e confiar a Deus a coroa.

III. *O modo de intercessão de Jesus.*

1. Ele ora por todos nós em nosso mar tempestuoso.
2. Sua oração é pela presença — não pela postura.
3. O significado de orar sem cessar.
4. A essência espiritual da verdadeira adoração.

IV. *O Espírito Santo e a iluminação.*

1. O cristão nascido de novo vê além do visível.
2. Mistérios devem ser revelados pelo Espírito.
3. Não peça o Espírito Santo para um propósito secundário.

V. *A relação da Igreja com o mundo.*

1. Ilustrada pelo barco no mar.
2. É um contato sem fusão.
3. O mundo pressiona para entrar na Igreja.
4. A Igreja é real — não um sonho ideal.

VI. *A necessidade da volta de Cristo.*

1. Não devemos nos assustar ou nos envergonhar.

2. O cenário mundial conturbado em nossos dias.
3. Cristo virá andando em nosso mar tempestuoso.
4. Ele espera ser desejado — e ser convidado a entrar!

TRAGO-LHES ESTA MENSAGEM COMO UM recado de encorajamento em um momento de turbulência política, social e econômica, quando as altas e beligerantes declarações de ditadores e governantes que têm boca grande e coração pequeno e apertado são os ventos que agitam o mar.

No entanto, no meio de toda a turbulência na Terra, há alguém andando sobre a tempestade e seu nome é Jesus Cristo, o Senhor. Nunca devemos ter medo, nem por um momento, porque Ele é o soberano Senhor.

Agora, acho que há uma imagem vívida no texto, quando os discípulos assustados convidaram Jesus para entrar no barco sacudido pela tempestade, e, de repente, estavam na praia!

Como você sabe, não sou o que se chamaria de pregador de modelos bíblicos. Acredito que existam alguns tipos no Antigo Testamento, mas penso que foram muito exagerados e excessivamente enfatizados. Parece-me nos prendemos a uma conformidade servil com os tipos criados para nós por expositores da Bíblia, os quais teriam nos poupado muitos problemas se estivessem ocupados tricotando em vez de ensinando.

Há, porém, mais do que uma história aqui. É um drama divino. Trata-se do Deus todo-poderoso se movendo com audácia pelo universo a caminho do fim predestinado, e não foi por acaso ou acidente que nosso Senhor subiu à montanha e os discípulos desceram ao mar. Não pretendo esgotar o significado, pois há uma variedade infinita de auxílios que a alma pode obter desse evento registrado. No entanto, creio que o Senhor nos deu uma bela lição objetiva, e isso nos levará a pensar sobre a esperança de seu retorno à Terra.

Agora, há algo mais que eu gostaria de dizer aqui. Você não precisa ser técnico, dogmático e inflexível sobre a Segunda Vinda de Cristo. Francamente, acho que estragamos a esperança da vinda de Cristo por meio de muitos gráficos, linhas e círculos inflexíveis em nosso ensino profético durante a primeira metade do século 20.

Alguns de nossos profetas sensacionais foram mais sábios do que Isaías e citaram mais escrituras do que Daniel, e por causa de seus planos meticulosos e detalhados da Segunda Vinda na profecia, assustaram muitos de uma crença vital e esperança no retorno iminente de Cristo à Terra.

Contudo, eles não me assustaram, irmãos. Creio nisso de todo o meu coração. Aquele professor de Bíblia, com seu gráfico e lápis vermelho, pode me oferecer detalhes, e eu apenas sorrirei e esperarei pacientemente pela vinda do Senhor. Acredito que Ele descerá em nosso mar agitado, esperando que a igreja o convide a entrar. Talvez não precisemos tanto dele, irmãos; mas quando nossa necessidade aqui for tão grande que não possamos mais viver sem Ele, Ele virá.

Há algumas coisas belas e inspiradoras que devemos observar sobre a pessoa do Senhor Jesus Cristo à medida que prosseguimos.

Depois de alimentar os cinco mil, Jesus percebeu que a multidão satisfeita e entusiasmada queria levá-lo à força para torná-lo seu rei, então Ele partiu sozinho novamente para uma montanha, enquanto os discípulos desciam ao mar para entrar no barco.

Notamos primeiro que Jesus recusou a oferta real deles. O homem comum não recusaria a coroa, mas Jesus Cristo não é um homem comum — é o Senhor soberano. Cristo recusou a oferta porque sabia que a coroa que queriam lhe dar não era a que Ele estava destinado a usar.

Nosso Senhor também sabia que não era o momento de receber a coroa, pois sabia que deveria haver uma cruz antes que pudesse haver uma coroa.

Podemos ter certeza de que nosso Senhor Jesus Cristo nunca poderia fazer coisas comuns, como outros homens fariam. Na minha opinião, Ele é o supremo poeta, artista e músico de todo o mundo. Tudo o que é belo, amável, gracioso e desejável se reúne em nosso noivo celestial.

Seu nascimento não foi comum, pois nosso Senhor se rebaixou à carne mortal para nascer da virgem Maria. Ele, pela forma de seu nascimento, elevou e dignificou a origem humana além de todas as possibilidades de descrição.

O trabalho que Ele realizou não foi comum, embora Ele tenha se humilhado ao ponto de atuar na bancada de um carpinteiro. O que Ele fez elevou todo trabalho e toda ocupação a um nível incomum, dignificando a mais humilde das tarefas para que quando o carpinteiro cristão serrasse, aplainasse e martelasse os pregos, soubesse que estava fazendo algo especial, porque nosso Senhor também era carpinteiro. Jesus sofreu enquanto esteve na Terra, mas seu sofrimento não foi do tipo comum, de lábios cerrados e olhos frios, que geralmente ocorre em nosso mundo. Não foi esse tipo de sofrimento que há muito deixou de encontrar expressão, que destrói as regiões superiores do espírito, e nos bestializa e nos torna semelhantes ao barro de onde viemos. O sofrimento de nosso Senhor foi incomum porque tudo o que Ele fez e disse elevou-se infinitamente acima do que é ordinário. Se agora somos seus na fé, Ele elevou todos nós acima do nível do comum, para que nós mesmos, como filhos de Deus, não façamos mais as coisas comuns. É essa elevação das coisas pelo Salvador sofredor que explicará por que o ato mais comum realizado pelo pecador não traz mais reflexão, mas se torna um ato extraordinário quando é feito pelo crente no espírito da compaixão de Cristo.

Nosso Senhor também se curvou para morrer, mas sua morte não foi a morte comum de um homem. Não foi o pagamento de uma dívida à natureza nem a quitação de uma hipoteca que a natureza tivesse sobre Ele. Não, a natureza nunca manteve uma hipoteca sobre Jesus Cristo, pois Ele nunca deveu um centavo a ela.

O que tornou sua morte extraordinária, incomum?

Foi a morte do justo pelos injustos. Foi uma morte sacrificial, uma morte vicária, o pagamento de uma dívida que Ele não devia em favor de outros que estavam endividados demais para quitá-la.

Sendo Jesus esse tipo de Senhor em sua vida e em sua morte, é de se esperar que suas palavras nunca fossem algo meramente comum. Compreendemos bem por que suas palavras nunca serão compreendidas pelo homem comum, isto é, pelas fileiras comuns de homens não convertidos. Também entendemos por que suas palavras sempre soaram como graça e verdade nos ouvidos dos humildes de coração e mansos de espírito.

Não tem sido este o testemunho de todos os santos de Deus ao longo dos anos? Eles vieram para as flores da Escritura como abelhas, levando consigo o doce e precioso néctar para as necessidades espirituais. E então, eles voltaram novamente e descobriram que ainda havia tanto néctar quanto antes. Como a panela de farinha que não se desvaneceu e a botija de azeite que não faltou, todo texto da escritura, toda palavra de nosso soberano Senhor produz tesouros preciosos, não importa quantas vezes a visitação aconteça nem quão aguda seja a necessidade.

Assim também foi com os atos de Jesus. Isso é evidente nesta lição, no gesto significativo e expressivo de nosso Senhor ao recusar a coroa e retirar-se para a montanha. Se Ele se curvasse para receber a coroa que queriam lhe dar, Israel teria se unido a Ele imediatamente. No entanto, Ele escolheu tomar a cruz, conforme a vontade de Deus, ao invés de tomar uma coroa fora dessa vontade. Que mensagem profunda e que direção clara encontramos aqui, disponível para todos nós!

Alguns de nós levam muito tempo para aprender por nós mesmos que a coroa que vem antes da cruz nada mais é do que uma coroa de estanho. É barata e dourada, e, se você olhar, encontrará uma inscrição estampada nela: "Feita no inferno".

Pois não é uma coroa que desceu da glória de cima, mas uma coroa que subiu de baixo, uma falsa coroa que subiu "feita no inferno" para a alma que a tomará antes de pegar a cruz.

Correndo o risco de repetir um clichê religioso, devo ressaltar que a vontade de Deus é sempre a melhor, sejam quais forem as circunstâncias. Jesus recusou a coroa e tomou a cruz deliberadamente porque essa era a vontade de Deus, tanto para Ele quanto para a humanidade.

Irmãos, não tenhamos medo de tomar a cruz e confiar em Deus em direção à coroa. Por que tantos em nossos dias tentam interromper a vida e experiência espiritual eliminando a cruz a caminho da coroa? Apliquemos o aspecto desse evento a nós mesmos e ao nosso tempo. Nosso Senhor aceitou a vontade do Pai, escapou para a montanha e seus discípulos o viram partir. Você conhece a história do Novo Testamento. Ele recusou a coroa que Israel queria lhe dar, mas tomou a cruz que os romanos lhe deram. Então, no terceiro dia, ressuscitou dos mortos, subiu ao Monte das Oliveiras e ascendeu à direita do trono de seu Pai — não de seu próprio trono. E lá está Ele hoje!

Agora, o que Jesus faz quando está sozinho na montanha? O que qualquer homem bom faz quando está sozinho? Ele ora, claro.

Jesus, o homem de oração de todos os homens de oração, o exemplo de todos os que oram, conversava com o Pai celestial sobre o pequeno grupo do qual Ele havia se separado pouco tempo antes — os discípulos e aqueles que haviam sido alimentados e em sua ignorância queriam torná-lo rei.

Pelo cálculo humano deles, Ele traria uma revolução que libertaria Israel, como nos dias de Gideão e dos grandes juízes e profetas do Antigo Testamento. Contudo, Jesus os conhecia muito bem e sabia que a pior coisa que Ele poderia fazer seria receber uma coroa e oferecer àquelas pessoas carnais um reino terreno.

Na verdade, teria de haver muitas mudanças entre eles antes que ousassem se tornar filhos e filhas de um reino terreno. Então, Ele estava orando por eles na ignorância e confusão deles, orando ao Pai celestial por suas ovelhas — e é exatamente isso que Ele está fazendo agora! Jesus está no céu, orando por seu povo.

Não quero dizer que nosso Senhor está de joelhos continuamente na glória celestial — mas Ele está em comunhão contínua com o Pai.

Lembro-me de anos atrás, quando o velho e querido Dr. Max Reich costumava passar um tempo conosco, e certa vez o convidaram a descrever sua própria vida de oração.

"Se você está me perguntando sobre ficar a sós e passar longos períodos de joelhos em oração, então eu teria que dizer que sou, relativamente, um homem sem oração", disse-nos o Dr. Reich. "Mas, se você aceitar orar sem cessar como uma comunhão contínua e humilde com Deus, dia e noite, em todas as circunstâncias, derramando meu coração diante de Deus em um relacionamento constante e ininterrupto — então eu posso dizer que oro sem cessar".

Acredito que esta é a maneira pela qual nosso Senhor se lembra de nós no trono do Pai, e sua comunhão com o Pai nos fala da necessidade de uma comunhão contínua de nossa alma com Deus. Esse tipo de comunhão e devoção não consiste apenas em palavras.

Lembro-me de ter escrito um editorial que chamei de "Adoração sem palavras", no qual tentei apresentar a ideia de que existe uma adoração além das palavras humanas. Na verdade, cheguei à conclusão de que tudo o que pode ser colocado em palavras é de segunda categoria, pois existem coisas espirituais que não podem ser expressas. Lembrem-se, irmãos, de que aquilo que vocês puderem colocar em palavras é de segunda categoria.

Paulo chamou essas coisas espiritais de "indizíveis", e elas são as coisas eternas que não passam. É aqui que precisamos lembrar que Deus nos permite viver em dois planos ao mesmo tempo. Ele nos deixa viver neste plano religioso onde há pregadores, cantores, coros, pianistas, organistas, editores, líderes, incentivadores e evangelistas, e isso é religião. Isso é a religião em seu uniforme de trabalho — a vestimenta externa da religião, a qual tem seu próprio lugar na obra e no plano de Deus. Contudo, irmãos, dentro disso, além disso, acima disso e sobre todas as coisas exteriores de nossa experiência religiosa está a essência espiritual de tudo — e é essa essência espiritual que estou pedindo e que quero ver entronizada em nossa comunhão e fraternidade na Igreja de Jesus Cristo.

Já falei com vocês antes sobre a defesa da verdade que começa e termina em si mesma e sobre os perigos de se ensinar e de se viver de forma que a verdade não tenha oportunidade de expressão moral.

Temos muita teologia, muito ensino bíblico e muitas conferências bíblicas que começam e terminam nelas mesmas. Essas coisas giram inteiramente em torno de si mesmas e, depois da oração final, todos vão para casa — mas ninguém está melhor do que era antes. Isso que é triste e terrível nessas coisas, meus irmãos. Eu defendo algo mais do que textualismo que começa e termina em si mesmo — e não vê nada além.

Se não vemos além do visível, se não podemos tocar o que é intangível, se não podemos escutar o que não é audível e se não podemos conhecer o que está além do conhecimento, então tenho sérias dúvidas sobre a validade de nossa experiência cristã. A Bíblia diz que nem olhos viram, nem ouvidos ouviram, nem jamais penetrou em coração humano o que Deus tem preparado para aqueles que o amam.

É por isso que o apóstolo nos lembra de que Deus nos revelou esses mistérios pelo Espírito Santo. Oh, meus irmãos, se apenas parássemos de tentar fazer do Espírito Santo nosso servo e começássemos a viver em sua vida como o peixe vive no mar, entraríamos nas riquezas da glória sobre as quais nada sabemos agora!

Há muitos que desejam o Espírito Santo para que possam ter o dom da cura. Outros querem o Espírito Santo para o dom de línguas. Outros querem que Ele os ajude no ministério de pregação. Outros ainda buscam o Espírito para que o testemunho se torne eficaz.

Todas essas coisas, eu garanto, fazem parte do padrão total do Novo Testamento, mas é impossível para nós transformar Deus em nosso servo. Jamais devemos orar para sermos cheios do Espírito de Deus com um propósito secundário. Deus quer enchê-lo com seu Espírito como um fim em sua vida moral. O propósito de Deus é que o conheçamos antes de tudo e fiquemos absortos nele, entrando na plenitude do Espírito para que o Filho seja glorificado em nós.

Procuro ler bastante e banhar minha alma nos escritos e hinos dos devotos santos de Deus que viveram nos séculos anteriores a nós. Esses eram homens e mulheres que viveram, cantaram, sonharam e andaram com Deus até que Ele os tomou para si. Eles deixaram como legado temas como "Jesus, alegria dos corações que amam" e "Jesus, só de pensar em ti, a doçura enche meu peito".

Quando sinto a glória resplandecente da vida e das obras de muitos dos santos escolhidos por Deus no passado, pergunto-me por que nos rebaixamos para ler, cantar ou citar qualquer coisa que não seja elevada e divina, nobre e inspiradora.

Jesus recusou a coroa e subiu à montanha, e sua presença ali é, na verdade, a oração. Ela é o fato de sua presença. No trono do Pai, Ele não está eternamente mencionando seu povo em súplicas e petições nem fala interminavelmente como alguns de nós, cristãos, fazemos, cobrindo nossos medos interiores com nossa multidão de palavras. Não, é sua presença à direita do Pai que constitui sua intercessão por nós. O fato de que Ele está lá é o poder de sua oração, e essa oração é por seu povo — por você, por mim e por toda a Igreja de Jesus Cristo.

Nesse drama, não é difícil visualizar a igreja cristã, pois, no livro de Atos, Ele mal havia chegado à montanha celestial quando, de repente, todos os discípulos ficaram cheios do Espírito Santo e a Igreja de Cristo se lançou ao mar, ao mar escuro, onde ela permanece desde então.

Quando nosso Senhor subiu à montanha e as nuvens o receberam fora da vista deles, a Luz do mundo se foi e a noite chegou. Ele havia dito: "Quando estou com vocês, há luz e é dia; mas quando eu os deixar e for embora por um tempo, será noite".

É verdade que a noite caiu sobre o mundo, e a igreja tem trabalhado nas trevas ao longo dos anos. Não quero dizer que a igreja não tenha tido luz, mas digo que a condição do mundo tem sido de escuridão e, ao longo desses séculos, tem sido como se fosse noite no mundo. A Idade das Trevas na história, pelo certo, deveria abranger todo o tempo desde que o Sol da Justiça se retirou, pois o mundo está em completa escuridão desde que Ele deixou a Terra.

Consideremos a relação entre o navio e o mar. Trata-se de uma relação de proximidade e contato, sem que se misturem — e essa deveria ser a relação da igreja com o mundo. O mundo é o mar agitado que não tem descanso. Você descobrirá nas Escrituras que, quando o mundo é usado como uma figura de linguagem, ele representa o mar — agitado, turbulento, traiçoeiro, mortal e cruel.

O mar pode ser tão convidativo e tão imprevisível. Pode ser tão calmo hoje e tão violento amanhã. Ele carrega suas cargas no peito em paz e tranquilidade hoje, mas amanhã ele as lançará nas profundezas azuis.

Nesse aspecto, a humanidade é como o mar. Os líderes das nações se reúnem em mesas de conferência, apertam as mãos, trocam charutos e brindam uns aos outros com bebidas. Eles tiram fotos juntos — por fora, eles riem e brincam como se fossem amigos. Contudo, no dia seguinte, é declarada guerra, e esses homens viram inimigos e, se tivessem chance, matariam uns aos outros. Esse é o mundo turbulento, cruel e traiçoeiro no qual vivemos. O mundo é real — e a igreja cristã está aqui, neste mundo, com um propósito. A igreja não pode se retirar do mundo, assim como aquele pequeno navio não pode se retirar do mar tempestuoso.

Então, aqui estamos nós — a igreja cristã neste mundo presente, mas, graças a Deus, estamos acima dele. Mantemos com o mundo a mesma relação que aquele barquinho mantinha com o Mar de Tiberíades. É contato sem mistura.

A desgraça disso é que o mar sempre tenta entrar no navio, assim como o mundo sempre procura entrar na igreja. O mundo ao nosso redor continua tentando encontrar o caminho para se infiltrar e respingar nela, chegando com palavras suaves e belas ondas espumejantes que avançam sobre nós, sempre sussurrando: "Não seja tão indiferente, não seja tão hostil. Deixe-nos entrar, temos algo para você, algo que lhe fará bem".

O mundo faz muitas ofertas para a igreja — mas não precisamos do mundo. Até mesmo alguns de meus amigos me levam a acreditar que estou praticamente sozinho em tudo isso. Mas também sei que estou dizendo uma verdade que permanecerá de pé quando o mundo estiver em chamas: o mundo não tem nada de que a igreja cristã precise!

Reconheço que existe em nós um senso de necessidade por sermos seres humanos e cidadãos. Obtenho a fécula das plantações de batata, os carboidratos dos currais; o leite das vacas; e os ovos das galinhas. Viajo pelas estradas deste mundo, voo em seus aviões e ando em seus trens — mas isso é outra coisa completamente diferente. Mesmo nessas coisas, não estamos nos misturando — estamos em contato sem nos misturar.

Algumas pessoas dizem que são ajudadas em sua fé por meio das ofertas da ciência e das respostas da educação. Tenho um livrinho em meu escritório que uso como calço quando quero tomar um pouco mais de ar deixando a janela aberta, e ele contém capítulos sobre como encontrar Deus por meio da ciência, por meio da natureza, por meio da arte. Por que deveríamos tentar encontrar a Deus olhando por uma janela que dá para o quintal do fundo? Por que deveríamos sempre ficar no porão olhando para fora a fim de encontrar Deus, quando todo o lado superior do edifício é feito de cristal puro, e Deus, de cima, está mostrando seu brilho — revelando-se? Precisamos abrir as janelas do coração, olhar para cima e convidá-lo a entrar em nossa vida.

Tenho certeza de que naquela noite de tempestade selvagem, quando o mar se levantou e se lançou contra o pequeno barco, os discípulos se ocupavam em usar baldes para tentar manter a água fora.

Não posso deixar de me perguntar se, no contexto de nossos dias, dois ou três apóstolos eruditos não ficariam em pé e, com seu conhecimento e intelecto superiores, ficariam ordenando: "Parem de tirar água com o balde! Parem de tirar água com o balde! O que vocês estão fazendo pertence ao século 17. A teologia de vocês pertence ao século 17. Por que vocês não atualizam seu conhecimento e se tornam contemporâneos? É melhor vocês aprenderem a se ajustar ao mundo e ao meio ambiente. Deixem a água entrar — ela não vai fazer nenhum mal a vocês".

E quanto a Pedro, forte e de braços peludos, com aquele balde ou vasilha, seja lá o que estivesse usando? Ele estava tirando a água dali o mais rápido que podia. Para ele, era uma questão de sobrevivência.

E, acreditemos ou não, é uma questão de sobrevivência para a Igreja de Jesus Cristo hoje! Não basta que a igreja evangélica se apoie em seus antepassados: "Temos por pai a Abraão. Deixe-nos em paz!".

Jesus disse, em seus dias: "Não me digam que vocês têm por pai a Abraão. Vejam, o machado está posto à raiz da árvore, e se aquela árvore não estiver produzindo frutos, haverá alguém para cortá-la. Mas Deus levantará outra árvore".

O Deus vivo não está preocupado com nossas denominações e tradições religiosas — Ele não se compromete a preservar nossas árvores genealógicas denominacionais. Ele só quer que o mundo seja evangelizado.

Confesso que nem sempre tive visão para enxergar isso. Muitos anos atrás, fiquei perturbado por causa de uma conversa que tive com o Dr. Robert A. Jaffray, aquele grande estadista que foi um missionário de Cristo no Extremo Oriente.

Conversávamos sobre a Aliança Cristã e Missionária, sobre o futuro da igreja e do mundo.

"A preservação da Aliança não é uma grande preocupação para Deus — isso não é problema dele, de forma alguma", o Dr. Jaffray me disse. "A tarefa de Deus é evangelizar o mundo. Dissolva a Aliança se for necessário, se for preciso — mas evangelize o mundo."

Acho que tenho essa visão agora — Deus não se ocupa nem se preocupa em preservar nenhuma das denominações cristãs — mas se preocupa com a vida da Igreja de Jesus Cristo — a igreja espiritual, independentemente de como ela possa se chamar. Acho que nosso Senhor se preocupa que a Igreja de Jesus Cristo seja salva das ondas que estão entrando. Um pouco do mundo aqui, um pouco ali — essas ondas avançam sobre a igreja até chegar o momento em que não temos mais uma igreja espiritual — mas uma embarcação afundando.

No contexto desta lição bíblica, somos informados de que os discípulos desceram ao mar e que estavam navegando em direção a Cafarnaum, para casa.

Para eles, chegar a Cafarnaum era estar de volta ao lar. Assim, os discípulos estavam no barco a caminho de casa, e já era noite. Em nossos dias, a Igreja de Jesus Cristo está a caminho de casa, ainda labutando, remando, e já é noite.

Quando pensamos sobre a igreja, a verdadeira Igreja de Deus, o Corpo de Cristo, alguns têm uma imagem tão ideal na mente que é difícil para eles serem realistas sobre o labutar e o remar. Eles pensam na igreja em termos idealistas — consertada, adornada e embelezada em todos os aspectos.

No entanto, aqueles discípulos no barco não eram homens ideais — eram homens reais. Eles cheiravam a mar. A linguagem deles talvez não fosse culta e acadêmica como a de Einstein. Eles eram homens comuns, navegando de volta para casa, e havia um outro homem, na montanha, orando por eles enquanto faziam a travessia. Pode ter havido alguns desentendimentos em suas conversas. A situação deles não era perfeita — e a conversa não era sagrada. Pode ter havido uma discussão. Um dos discípulos poderia estar de mau humor ao longo do caminho. Um deles talvez tenha adormecido e não tenha assumido sua parte no trabalho. Talvez houvesse alguns que fossem melhores do que outros no navio naquela noite — mas eles estavam voltando para casa juntos, e aquela outra presença estava na montanha, orando por todos eles.

Assim é hoje na verdadeira igreja de Deus. Não na igreja ideal, dos sonhos, retratada nos hinos, mas na verdadeira igreja de Cristo — ela não é uma igreja perfeita, embora eu gostaria que fosse. Se pudéssemos encontrar aquela igreja perfeita, aquele grupo perfeito, rastejaríamos de joelhos para pedir admissão, mas estamos muito longe de sermos uma igreja perfeita.

Ainda há desacordos entre o povo de Deus — mesmo entre os santos de Deus. Havia nos dias de Paulo e há agora. Há muitas imperfeições entre nós. É melhor sermos realistas e honestos. Existem condições nas igrejas cristãs que não deveriam existir — mas existem. Elas são reais.

E quanto a tudo isso aos olhos de Deus? No mar, naquela noite, há muito tempo, os discípulos estavam cansados, exaustos, com sono e com saudades de casa, navegando para Cafarnaum e para casa. A situação deles não era ideal. Eles ainda estavam em circunstâncias humanas, mas eles eram como a menina dos olhos de Jesus, e Ele os amava e orava por eles.

"Já estava escuro", diz a escritura, "e Jesus ainda não tinha vindo".

Meus irmãos, não deveríamos nós também nos unirmos em confissão e testemunho, dizendo: "Oh, Senhor Jesus, está escuro e o senhor não veio! Estava escuro no primeiro século e no segundo, e o Senhor não veio. Estava escuro na época de Constantino, e o Senhor não veio. Estava escuro quando Bernardo vivia; estava escuro quando Lutero pregou, e estava escuro quando Wesley subiu na lápide de seu pai e pregou, e o Senhor não veio. Estava escuro quando George Fox subiu e desceu as colinas e vales da Inglaterra, e o Senhor não veio. Ainda está escuro, Senhor, e não estamos dizendo que estamos desapontados, pois não queremos ofender a geração do teu povo, como disse Davi. Não queremos admitir que estamos desapontados — mas o desapontamento existe!"?

Você se lembra que quando o Conselho Mundial de Igrejas realizou sua assembleia em Evanston, com os delegados do mundo inteiro reunidos, sob o tema: "Cristo, a esperança do mundo"? Foi anunciado que haveria uma ênfase na escatologia, mas logo se depararam com um obstáculo por causa daqueles que estavam no concílio e não acreditavam que a vinda de Jesus Cristo fosse a esperança do mundo.

Houve constrangimento quando um importante leigo cristão de Londres se levantou e disse: "Cavalheiros, creio que deveríamos estar pregando a Segunda Vinda de Cristo".

Foi embaraçoso para muitos daqueles velhos clérigos com seus privilégios firmemente estabelecidos, seus interesses pessoais e suas togas e correntes. Eles tinham grande influência e tinham a igreja nas mãos, e não estavam prontos para admitir a necessidade de o Senhor retornar à Terra.

No passado, eu soube que um ministro luterano da Alemanha teve a oportunidade de pregar para o imperador Guilherme II. Isso foi antes de 1914, e o kaiser levantou-se em um acesso de raiva, encarando furiosamente o pregador que ousou anunciar a iminente volta de Jesus Cristo.

A vinda de Cristo arruinaria o sonho, o plano de império e a conquista do imperador, e foi pelo mesmo motivo que alguns dos líderes do Conselho Mundial ficaram constrangidos: "Isso estragaria nossos planos".

Irmãos, não quero me envolver em nenhum plano que possa se estragar se o Senhor voltar. Você quer?

Não quero ser pego com nenhum plano secundário, pequeno esquema ou sonho que se formou em minha cabeça. Antes, quero me encaixar no plano de Deus, de modo que minhas ações não sejam motivo de constrangimento nem sejam interrompidas de alguma forma se o Senhor vier agora mesmo, andando sobre o mar!

Estava escuro, e sem dúvida eles gritaram "Onde estás, Senhor?" quando a tempestade se levantou, e o grande vento soprou e sacudiu o barco deles.

Ao longo de nossa vida, a igreja cristã não orou, trabalhou e labutou durante duas grandes guerras e mil revoluções? Lembro-me de como um vento rápido soprou em 1917, e chamaram isso de Revolução Bolchevique, quando foi derrubada a monarquia na Rússia e os comunistas assumiram o poder.

Passamos pelos perigos e pelas perdas de outra grande guerra mundial, com nomes de homens subindo e descendo, os Hitlers, os Mussolinis, os Stalins, os Tojos. Contudo, o barulho do sabre nunca terminará, seja no Extremo Oriente ou no Oriente Médio, enquanto a tempestade soprar sobre o mar e sacudir o barquinho.

Sei que o vento tempestuoso ainda sopra sobre a superfície do mar. Sei que cristãos continuam morrendo e que suas igrejas estão sendo queimadas em alguns lugares. Grandes cortinas de ferro e de bambu foram erguidas, isolando completamente nossos irmãos cristãos atrás delas. Eles não podiam enviar pombos-correios nem balões conduzidos pelo vento. Não tínhamos nenhuma notícia sobre o que acontecia com a igreja em muitos lugares, em muitas terras.

Conhecemos, porém, as doutrinas ímpias e o controle, então sabíamos o que estava acontecendo. A tempestade tem apanhado o navio e tentado despedaçá-lo, apesar disso a Igreja de Jesus Cristo, composta de todos os santos e do povo de Deus, jamais perecerá.

Temos a promessa de Cristo de que as portas do inferno não prevalecerão contra sua Igreja. As igrejas podem até morrer, mas a Igreja viverá. A igreja em Woochow pode morrer, mas a Igreja ainda vive. A igreja na Colômbia pode ter seu pastor apedrejado, preso e as pessoas serem forçadas a se esconder nas rochas e colinas, mas a Igreja continua viva. É verdade que há alguém na montanha orando pela Igreja, e Ele conhece cada um dos santos, ao longo dos séculos, que depôs sua vida terrena por causa de seu testemunho e de sua fé em Cristo. Todos estão seguros no seio do Senhor Jesus Cristo. Há um grande celeiro para o qual os feixes de ouro do Espírito são levados, e todos eles brilharão no reino de seu Pai naquele grande dia.

Enquanto isso, a Igreja flutua no mar. Enquanto os discípulos remavam em sua angústia e perigo, viram Jesus andando sobre as águas. Ele não podia mais ficar longe deles. Ele os tinha visto e observado todo esse tempo com os olhos que nunca se fecham. Os discípulos estavam nas mãos dele, mas não sabiam disso.

Irmãos, lembro a vocês que Jesus Cristo ainda é o Senhor. Ele ainda é a cabeça de seu corpo, a Igreja. Não precisamos nos desculpar por Ele — Ele não quer que abrandemos seu evangelho para torná-lo mais aceitável para o mundo. Ele não está esperando que o defendamos, que apresentemos argumentos em seu nome. Ele ainda está no comando. Seus olhos enxergam através da névoa e da noite. Ele segura a Igreja na palma da mão, mesmo enquanto ela está sendo agitada no mar revolto.

Na hora certa, quando se tornou desesperadamente necessário, Jesus deixou a montanha, desceu apressado e caminhou sobre a água, aproximando-se da pequena embarcação.

Somos suficientemente limpos, puros e honestos, e tão completamente e genuinamente dele, que podemos vê-lo e ouvi-lo? Ele ainda não está aqui, mas está vindo! Está andando em nosso mar tempestuoso. Está se aproximando do barco. Não sabemos quando Ele estará a uma curta distância, mas sabemos que virá na hora certa. Seu amor e grande interesse por seu povo não permitirão que Ele permaneça à direita de Deus, o Pai todo-poderoso, mais do que o tempo necessário.

Com tudo o que há dentro de mim, creio que o Senhor Jesus Cristo, o soberano, caminha sobre o mar. Ele é o soberano Senhor — e quão diferente dos reis e governantes da Terra que afirmam ser soberanos, mas suas terras, seus territórios e impérios são todos demarcados por fronteiras.

A palavra "soberano" significa "governante absoluto, infinito e sem restrições" em todos os reinos, no céu, na terra e no mar — e é isso que nosso Senhor é. Em seu plano providencial, Ele impõe certas limitações a si mesmo por um tempo, para que possa cumprir seus eternos propósitos e vontade. A qualquer momento, Ele pode caminhar sobre as águas da Terra, ou sobre o fogo do inferno, ou sobre as ruas de ouro do céu — pois Ele é o soberano Senhor.

Nosso Salvador ressurreto e glorificado, Jesus Cristo, não recebe ordens de ninguém. Ele não tem conselheiros para convocar reuniões de algum corpo judicial ou executivo. Ele não tem um assistente, nem secretário do trono, e não precisa de ninguém em quem se apoiar ou para quem pedir conselhos. Ele sabe, sem nenhum esforço, tudo o que pode ser conhecido, já viveu todos os nossos amanhãs e tem o mundo na palma da mão.

Esse é o Senhor que eu sirvo. Reconheço alegremente que sou dele. Glória a Deus — o Cristo que conhecemos está infinitamente além de todos os homens, anjos, serafins e querubins; acima de todos os arcanjos e de todos os principados, potestades, poderes, domínios e coisas visíveis e invisíveis — pois Ele é a origem de todos eles.

Portanto, Ele caminha sobre o mar. Não tenhamos medo, irmãos. Alguns se preocupam com o país, alguns com seu emprego, alguns com o mercado de ações, alguns veem o espectro de uma recessão financeira. Todo esse tempo há guerras e rumores de guerras. Se, como filhos de Deus, discípulos de Cristo, membros do Corpo de Cristo, como sua Igreja, estamos com medo, devemos nos envergonhar. Ele está caminhando sobre o mar e está vindo em nossa direção, e nossa pequena embarcação está a caminho de casa, apesar da escuridão e dos ventos fortes.

Ele é o nosso soberano Senhor! Esta é a maravilha de tudo — Ele está esperando ser desejado. Ele está esperando ser convidado a entrar!

Sua opinião é importante para nós.

Por gentileza, envie-nos seus comentários pelo e-mail:

editorial@hagnos.com.br